잘 듣는 그림 전도지

불신자를 신자로, 신자를 전도자로 만들어주는 획기적인 전도지!

"너는 말씀을 전파하라 때를 얻든지 못 얻든지 항상 힘쓰라 범사에 오래 참음과 가르침으로 경책하며 경계하며 권하라." (디모데후서 4:2)

원작 **김근탁** | 그림 **김혜원**

리더용

쿰란출판사

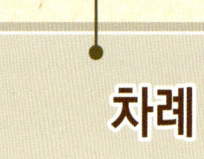

차례

추천사_ 소강석 목사(새에덴교회, 대한예수교장로회(합동) 증경총회장, 한교총 대표회장) • 4
정홍렬 신학박사(아신대학교(ACTS) 총장) • 5
라원기 목사(별처럼빛나는교회, 전 한동대 객원교수, 유튜브 〈기독답TV〉 운영자) • 6
김상현 목사(목장교회, 대한성서공회 이사, 총회세계선교회 기독신문(합동) 사장 대행) • 7
데이빗 라(Rev. David Ra) 목사(국제어린이전도협회 아시아태평양지역 대표) • 8
이경호 교수(한국창조과학회장, 인하대학교 교수) • 9

《잘 듣는 그림 전도지》 간증 사례 • 10
지금은 관계 전도 시대입니다 • 12
《잘 듣는 그림 전도지》의 장점 • 14
이 전도지가 나오기까지 귀하게 섬겨 주신 분들 • 15
전도에 대한 자신감과《잘 듣는 그림 전도지》활용법 • 16
연합 전도훈련과 수련회를 위하여! • 18

I. 열한 챕터 전도지

1. 인간의 영혼은 절대 죽지 않습니다!(고후 4:4) • 22
2. 혹시 십자가에 대해 아십니까?(요 3:18) • 25
3. 자연을 통하여 하나님을 볼 수 있습니다!(롬 1:20) • 28
4. 하나님이 인간을 창조하셨습니다!(창 2:7) • 32
5. 인간은 내세를 사모합니다!(전 3:11; 요 14:6) • 35
6. 많은 사람들은 돈을 행복의 기준으로 삼고 살아갑니다!(잠 23:5) • 38
7. 죽으면 끝인데 제사는 왜 드릴까요?(고전 10:20) • 41

⑧ 로댕의 생각하는 사람을 아십니까?(지옥, 마 13:42; 계 20:15) • 44

⑨ 인간에게는 두 개의 고향이 있습니다(육신과 영혼의 고향, 계 21:4) • 47

⑩ 로마서 6장 23절 • 50

⑪ 예수님의 부활은 역사적 사실입니다!(요 11:25-26) • 54

II. 4주 새 신자 양육 성경공부

① 죄란 무엇인가? • 60

② 예수님은 누구신가? • 62

③ 성령님은 누구신가? • 65

④ 십자가 경험을 위한 수련회!(준비) • 67

III. 3주 리더 성경공부

① 큐티(QT)란 무엇인가?(시 1:3) • 70

② 성경의 가치!(딤후 3:16-17) • 72

③ 성도에게 재정이란?(말 3:10) • 75

추천사

세계적인 미래학자 다니엘 핑크(Daniel Pink)가 쓴《새로운 미래가 온다》를 보면 미래의 인재는 '하이 콘셉트(High Concept)'와 '하이 터치(High Touch)'의 능력을 가져야 한다고 소개합니다. 하이 콘셉트는 창의적 상상력을 의미하고, 하이 터치는 상대를 공감하게 하고 참여하게 하는 감성 능력을 말합니다.

그런데 이것을 교회보다 일반 기업이 더 빨리 간파하고 앞서갔습니다. 옛날에는 최고경영자(CEO)들이 자기 회사 제품만 많이 팔려고 했는데 요즘은 고객과 활발히 소통하면서 공감 작업을 많이 한다고 합니다. 그래서 앞서가는 CEO들은 명함에 'CEO-Head of Community'라고 쓴다고 합니다. 그만큼 현대사회는 세스 고딘(Seth Godin)이 말한 대로 '보랏빛 소'가 되어 창의적 상상력과 감성적 공감 능력을 갖춘 기업이나 인재들이 이끌어 간다는 것입니다.

이러한 때에 김근탁 목사님께서《잘 듣는 그림 전도지》를 출판하신 것은 참으로 뜻깊고 감사한 일입니다. 이 땅에서 영혼을 구원하는 것보다 더 중요한 일이 어디에 있겠습니까?
특히 코로나 시대를 맞아서 얼마나 많은 영혼이 교회를 떠나고, 멀어지고 있습니까?
한국교회는 어떻게 해서든지 그들을 교회로 돌아오게 해야 합니다.

《잘 듣는 그림 전도지》의 가장 큰 특징은 전하는 자와 듣는 자 사이에 부담이 없고 편하게 대화할 수 있는 공통분모로 책을 만들었다는 것입니다. 그래서 실제 전도 현장에서 사용하였을 때 수많은 사람이 관심을 갖고 대화하고 듣는 역사들이 나타났습니다. 전하는 자도 마음이 편하고 듣는 자도 호기심 있게 즐거운 마음으로 들을 수 있는 다양한 전도 콘텐츠를 소개하고 있습니다.

언젠가는 코로나도 물러나고 일상을 회복할 수 있을 때가 올 것입니다. 억눌렸던 스프링이 솟구쳐 오르듯, 현대인들의 영성에 대한 욕구와 갈망이 폭발할 것입니다. 한국교회의 미래에 대해 비관적으로 말하는 분들도 많지만, 우리가 준비를 잘하면 제2, 제3의 대부흥 시대를 오게 할 수 있습니다. 그러기 위해서는 우리가 현대인과 소통할 수 있는 전도 콘텐츠를 많이 개발해야 합니다. 김근탁 목사님께서 저술한《잘 듣는 그림 전도지》가 한국교회의 새로운 부흥을 위해 귀하게 쓰임 받기를 기대하며 기쁜 마음으로 추천합니다.

소강석 목사
새에덴교회
대한예수교장로회(합동) 증경총회장
한국교회총연합 대표회장

추천사

주님께서 천국은 어린아이의 것이라고 말씀하셨습니다(마 19:14). 어린아이의 순수함과 낮은 마음이 천국과 코드가 잘 맞는다는 말씀이겠지요. 누구든지 우리의 어린 시절을 생각해 보면 만화를 떠나서는 설명이 안 될 정도로 어린 시절과 만화는 떼려야 뗄 수 없는 긴밀한 관계입니다. 만화책 가게에서 하루 종일 보낸 일, 만화책을 빌려와서 시간 가는 줄도 모르고 만화 삼매경에 빠졌던 일 등, 하나하나를 기억하다 보면 자연스레 얼굴에 미소가 생겨납니다. 그래서 만화책은 모든 사람을 어린 시절로 회귀시키고 낮고 순수한 마음으로 무장해제시키는 신통력을 발휘하나 봅니다.

그런데 김근탁 목사님의 은사가 바로 이 만화책을 활용해 전도와 양육 프로그램을 개발하는 것입니다. 복음에 대해서 마음이 닫혀 있는 사람에게 만화로 준비된 전도의 메시지를 전달할 때 닫혔던 마음이 열리고 복음을 받아들이게 됩니다. 교회 교육에 무관심했던 게으른 신자들에게도 만화로 구성된 양육 프로그램을 제시하면 흥미를 가지고 관심을 나타내게 됩니다. 만화는 사람들의 닫힌 마음과 무관심한 태도를 열어 주는 친밀한 수단이 됩니다. 김근탁 목사님은 전도와 양육 프로그램을 개발하면서 만화라는 복음전도와 신앙교육의 수단을 성공적으로 사용하셨습니다.

이 책은 땅 끝까지 이르러 모든 사람에게 전도를 할 때 가장 효과적으로 사용될 것입니다. 이 책을 제작하는 데 많은 경비가 들지만 선교의 마음으로 헌신하신 목사님의 전도의 열정이 이 한 권의 그림 전도지 안에 들어 있습니다.

이 책에는 마지막 날 하나님께서 펼치실 생명책으로 이어지는, 이 땅에서의 구원의 생명을 누릴 자들을 위한 하나님께서 준비하신 하늘의 비밀이 담겨져 있습니다. 이 책을 통해 하나님께서 예비하신 구원의 은혜를 풍성하게 누리시기를 바랍니다.

정 홍 렬 신학박사
아신대학교(ACTS) 총장

추천사

오늘날 전도가 점점 어려워지는 시대가 되었습니다. 더군다나 세계적으로 유행하고 있는 코로나19의 영향으로 더더욱 사람을 만나서 전도하는 것이 힘든 시대가 되었습니다. 그럼에도 불구하고 복음은 계속적으로 전해져야 하고 하나님의 나라는 계속적으로 전해져야 합니다. 그래야 우리 주님이 오시기 때문입니다.

평소 복음전도에 관심과 열정이 많으신 김근탁 목사님이 이번에 새롭게 전도를 위한 《잘 듣는 그림 전도지》라는 책자를 만드셨습니다. 특별히 이 책자에는 전도를 할 때 꼭 필요한 내용들이 삽화와 함께 들어 있어서 이해하기도 쉽고 재미도 있게 만들어졌습니다. 또한 각각의 주제에 맞게 열한 챕터로 구성되어 있어서 전도 시에 상대방의 필요에 따라 맞는 챕터를 선택하여 복음을 전하도록 편리하게 만들어졌습니다.

그뿐 아니라 새 신자 양육을 위한 성경공부 내용과 리더들을 위한 수련회 강의안까지 있어서 교회의 전도자들을 훈련시키기에 아주 좋습니다. 전도자들이 이 책에 있는 내용들을 잘 이해하여 복음전도 시에 적재적소에 활용하면 아주 귀한 열매들을 많이 맺을 수 있을 것 같습니다.

"모든 길은 로마로 통한다"라는 말이 있습니다. 이 말처럼 김근탁 목사님의 글은 모두 복음을 전하는 쪽으로 초점이 맞추어져 있습니다. 여러 가지 화려한 미사여구를 쓰지 않고 단순 명료하게 복음이 어떤 것이며, 그것이 나와 어떤 관계가 있는지를 분명하게 설명하고 있습니다. 이는 김 목사님이 평소에 복음을 전하고 영혼을 살리는 데 얼마나 관심이 많이 있었는지를 보여줍니다. 이러한 목사님의 열정이 이 귀한 책자를 만들게 하였다고 생각합니다. 이 책이 한국 교회의 전도자들의 손에 들어가서 전도 현장에서 귀한 영혼들을 구원하는 열매로 나타날 수 있기를 바라며 적극 추천합니다.

라 원 기 목사
별처럼빛나는교회
전 한동대 객원교수
유튜브 〈기독답TV〉 운영자

추천사

모든 사람들에게 꼭 권하고 싶은 책.
세상의 중요한 일들이 모두 그러하듯, 전도 역시 어떤 기술이나 방법이 전부는 아니지만 열정만으로는 잘 되지 않습니다. 그래서 열정을 가장 잘 전달할 수 있는 좋은 그릇 역시 매우 중요합니다. 그런 의미에서 《잘 듣는 그림 전도지》는 전도자가 가진 영혼을 향한 열정을 오롯이 담아낼 수 있는 탁월한 그릇이라 할 수 있습니다.

무슨 책이든 우선은 그 내용이 좋아야 합니다. 하지만 내용이 좋아도, 읽기 쉽고 또 재미있게 읽고 들을 수 있는 책은 흔하지 않습니다. 그런데 김근탁 목사님의 《잘 듣는 그림 전도지》는 단순하면서도 읽기 쉽고, 재미도 있고, 무엇보다도 성경적이면서도 마음 깊이 파고드는 전도하기 쉬운 전도지입니다. 이는 성경이 지향하는 그 목적 그대로 알기 쉽게 풀어서 만들었기 때문입니다.

성경의 목적은 우리로 하여금 그리스도 예수 안에 있는 믿음으로 말미암아 능히 구원에 이르는 지혜가 있게 하는 것입니다(딤후 3:15). 이 전도지는 하나님을 알지 못하는 분들과 믿음이 약한 분들을 변화시켜 영광스러운 하나님의 자녀로 거듭나게 하고 또한 확실하게 자라가게 해 줄 것을 믿어 의심치 않습니다.

전도자의 발걸음이 뜸해지고, 전도자의 목소리가 약해지는 한국교회는 이미 위기에 직면하고 있습니다. 또한 오늘날 교회의 위기는 영적 의미에서 국가의 위기라고도 할 수 있습니다. 교회가 영적인 기초로 그 땅을 받쳐주지 않으면 국가라는 집은 흔들릴 수밖에 없기 때문입니다.

이러한 교회적, 국가적 위기에 대한 여러 가지 진단과 처방이 난무하지만, 가장 근본적인 처방은 바로 영혼을 향한 하나님의 마음을 품은 전도자들이 복음으로 무장하여 이 시대를 향해 열심을 내는 것이라고 믿습니다. 모쪼록 이 시대가 이 귀한 전도지의 말씀을 경청하여 살아계신 창조주 하나님, 구속주 하나님을 믿고 회개하고 돌아와 구원 얻게 되기를 진심으로 기원합니다.

김상현 목사
목장교회
대한성서공회 이사
총회세계선교회 기독신문(합동) 사장 대행

추천사

김근탁 목사님의 《잘 듣는 그림 전도지》를 소개받았을 때, 저는 가장 먼저 진한 동지애를 느꼈습니다. 저 자신이 길거리에서, 가정성경반에서, 캠프에서, 교회 집회에서 실로 다양한 전도 도구를 사용하여 수천 명의 어린이들에게 복음을 전해 보았기에 이 놀라운 전도지의 진가를 단숨에 알아보았습니다.

어린이에게 전도지를 사용하여 복음을 전할 때, 저희 단체는 시중에 보편적으로 나와 있는 전도지를 이용하지 않습니다. 아무래도 그것들은 어린이의 눈높이에 맞춘 전문적인 전도지가 아니기 때문입니다. 그래서 저희 단체의 연구팀에서는 모든 전도지를 맞춤형으로 직접 만듭니다. 가장 최근의 전도지는 전 세계적인 코로나 사태를 역으로 활용하여 "가장 위대한 의사"라는 주제로 어린이를 겨냥하여 만든 전도지였습니다. 그리고 이 전도지는 전 세계 어린이 전도자들 사이에서 큰 호응을 얻었습니다. 그도 그럴 것이 코로나로 인한 불안한 어린 마음에 역사상 가장 위대한 의사이신 우리 주 예수 그리스도를 소개하면서 평안의 복음을 전했기 때문입니다.

열한 챕터로 구성되어 있는 《잘 듣는 그림 전도지》를 깊이 들여다보면 볼수록 저는 감탄하며 무릎을 쳤습니다. 열한 가지의 다양한 주제가 수록되어 있기에 성령의 감동을 따라 전도 대상자에게 가장 적합한 한두 챕터로 먼저 다가갈 수 있도록 구성된 점이 특히 탁월했습니다. 마치 열한 개의 독립적인 전도지를 보는 듯했습니다. 그러면서도 열한 개의 챕터가 복음의 전체 내용에 대한 유기적인 통일성을 유지하고 있기에, 만약 전도 대상자가 전도자에게 충분한 시간을 할애해 줄 수 있는 경우 전체 챕터들을 다 활용하여 전도 대상자를 제자화 하는 수준까지 양육할 수 있게 만드는 시스템이 일회성 복음 전도로 그치는 여느 전도지와는 확연한 차이점을 보여줍니다.

이 귀한 전도지를 어린이 버전으로도 만들었으면 좋겠다는 생각과 함께 영어나 기타 주요한 언어로도 번역하여 전 세계 전도자들의 손에 놀라운 전도의 무기로 들려줄 수 있으면 좋겠다는 생각이 내내 가시지 않습니다.

모쪼록 전도의 영이신 성령님께서 《잘 듣는 그림 전도지》와 김근탁 목사님의 헌신을 사용하여 "듣지 않으려고 귀가 뻣뻣한" 백성들까지도 모두 주의 복음에 귀를 기울이게 하시는 역사가 일어나기를 간절히 소망합니다.

데이빗 라(Rev. David Ra) 목사
국제어린이전도협회 아시아태평양지역 대표

추천사

우리는 지금 포스트모던 시대를 살아가고 있습니다. 이 시대는 절대 진리가 없는 다양성을 강조하며, '너도 옳고 나도 옳다' 식의 혼돈시대입니다. 당연히 절대 진리를 강조하고 유일하신 하나님을 믿는 기독교는 젊은 세대에게 외면당할 수밖에 없는 시대가 되어 버렸습니다. 한국교회의 위기는 다음 세대를 보장할 수 없다는 것입니다. 한국교회에 깊이 들어와 있는 유신진화론 등의 타협이론도 이러한 시대의 흐름과 크게 다르지 않을 것입니다.

저는 한국창조과학회의 회장으로 지난 수십 년을 창조신앙 전파를 위해 노력해 왔지만 이번에 김근탁 목사님의 이 전도 책자를 받아 보면서 중고등학교 시절 노방전도를 한 이후로 변변히 전도 한번 하지 못한 저 자신에 대해 다시 한번 돌아보는 기회가 되었습니다.

과거에는 노방전도, 방문전도가 대세였다면 복잡하고 바쁜 현재의 시대는 관계 전도가 효율적인 시대가 되었습니다. 이《잘 듣는 그림 전도지》는 관계 전도에 잘 맞추어진 재미있고 쉬운 전도의 강력한 도구가 될 것으로 생각합니다.

저는 한국창조과학회의 회장으로서 이 책자의 열한 챕터 중에서 세 번째와 네 번째 챕터에 더 많은 관심을 가지고 보게 되었습니다. 어느 전도지에서도 찾아보기 힘든 창조주 하나님에 대해 매우 성경적 창조신앙에 기초하여 잘 소개하고 있습니다. "창세로부터 그의 보이지 아니하는 것들 곧 그의 영원하신 능력과 신성이 그가 만드신 만물에 분명히 보여 알려졌나니 그러므로 그들이 핑계하지 못할지니라"(롬 1:20). 자연 만물을 통해 하나님은 자신을 나타내고 계시며, 하나님께서 사람과 모든 생물들을 매우 정교하게 설계하신 증거들을 너무나 쉽게 기술하면서 창조주 하나님에 대해 명확히 전달하고 있습니다.

이 전도지가 내 주변의 가족이나 가까운 사람들에게 관계 전도의 유용한 도구로 사용되기를 기대하며, 이 재미있고 쉬운《잘 듣는 그림 전도지》를 통해 한국교회의 다음 세대들이 창조주 하나님을 만나고, 신실한 그리스도인으로 세워지기를 기대합니다.

이경호 교수
한국창조과학회장
인하대학교 교수

《잘 듣는 그림 전도지》 간증 사례

안녕하세요. 김근탁 목사님.
김정임 목사입니다.
먼저 귀한 그림 전도 방법을 나눠주셔서 진심으로 감사드립니다.
목사님 덕분에 불교 신자이신 친정 엄마의 마음에 변화가 생겼습니다.
얼마 전 친정 엄마가 건강 문제로 병원 진료차 지방에서 저희 집에 오셨을 때입니다.
저희 가정에서 친정 엄마를 모시고 가족과 함께 예배드릴 기회가 있었습니다.
그때 〈두 개의 고향〉 챕터로 말씀을 나누었습니다.
이 챕터를 선택한 이유는 복음의 내용(거듭남, 지옥과 천국)은 물론이고
무엇보다도 친정 엄마가 이해하기 쉽겠다 싶고 설득력이 있겠다 싶었기 때문입니다.
그동안 복음을 몇 번 제시했지만, 여태껏 믿던 거나 믿다 죽지 이 나이에(84세) 종교를 바꾸느냐며
고집을 부리셨던 엄마였습니다.
그러던 엄마가 그날은 말씀을 안 하시더니 집으로 돌아가시는 날,
'내가 머리가 복잡하다. 이젠 교회를 나가야 하나 말아야 하나' 하시는 것이었습니다.
이 변화는 놀라운 변화였습니다.
성령의 역사가 아니면 불가능한 일이었습니다. 그 말을 듣는 순간 얼마나 하나님께 감사했는지 모릅니다.
엄마가 곧 예수 믿고 구원받아 남은 생애는 주 안에서 기쁨과 감사로 주님을 찬양하고 천국을 소망하며
주님 부르시는 날 할렐루야 하며 주님 품에 안길 것을 믿고 기대하며 기도합니다. 할렐루야!

며칠 전 딸아이가 퇴근하여 들어와 무섭다며 호들갑을 떠는 것입니다.
학교 후배와 한참을 통화하고 들어왔는데 그 후배가 일산까지 와서 점을 보고 갔다는 것입니다.
신내림 받은 지 얼마 안 된 무당이 점괘가 좋다고 서울에서 물어물어 왔는데 너무 잘 맞추더라는 겁니다.
과거에 있었던 일, 현재 주변 사람이 너에게 도움이 되니 안 되니, 직업이 이러쿵저러쿵, 너희 조상들이
공덕을 많이 쌓았으니 절에 가서 고맙다고 절해라, 하되 절하고 빨리 나와라 안 그러면 조상 귀신이 너
에게 붙는다 등의 말을 하였다는 겁니다. 이게 가능한 일이냐며 너무 무섭다고 호들갑을 떠는 것입니다.
그 후배의 엄마가 우울증으로 고생하셨고 본인도 엄마로 인해 우울함을 호소하던 후배였다고 했습니다.
이때다 싶어 챕터 〈인간의 영혼은 절대 죽지 않습니다〉 무당과 귀신의 존재를 이야기해 주었습니다.
딸의 반응은 너무 무섭다며 앞으로 예배 잘 드려야겠다고 했습니다. 할렐루야!

목사님, 수년을 기도하시며 연구하신 관계 전도를 위한 그림 전도 방법은 이런 놀라운 성령의 역사가
있습니다.
저도 그동안 구원하심에 감사해 주님의 지상명령에 순종한다는 명목으로 가가호호 방문 전도,
노방 전도(전도지와 전도 용품), 커피 전도 등 다양한 방법으로 전도에 동참했습니다.

사람들의 냉대와 거절, 마지 못해 받는 분, 정작 관심 있어 받는 분은 소수에 불과했습니다.
그 중엔 이사 오셔서 교회를 정하기 위해 받는 분도 계셨습니다. 전도가 끝나면 받아 가다가 그냥 길거
리에 버린 전도지와 전도 용품 포장지(쓰레기)를 줍는 것도 전도자들의 당연한 일이라 주웠습니다.

그러나 그 냉대와 거절로 받은 상처와 위축감은 전도자라면 누구나 한 번쯤은 느꼈을 것입니다.
그래서일까요. 저는 길을 가다 길에서 주는 전도지는 무조건 다 받고 집에 와서 버렸습니다.
그분들의 수고를 알기 때문이었습니다.

그럼에도 불구하고 그 전도지를 받고 예수 믿고 구원받은 영혼들이 있고,
한 영혼을 천하보다 귀하게 여기시는 하나님의 마음을 알기에
그 마음으로 지금도 어디에선가 전도하는 전도자들의 수고가 있을 것입니다.

제가 잘 알고 있는 한승희 목사님을 통해 세미나 소개받고 함께 참여한 첫 세미나에서
목사님께서 열 챕터 중 두 챕터를 강의해 주셨는데 저는 그때 '아~ 아하! 이거다!' 싶었습니다.
이 후 두 번째 세미나를 손꼽아 기다렸던 때가 생각납니다.
위에서 저의 사례를 말씀드렸습니다만, 그림 전도지는 관계 전도하기에 안성맞춤입니다.
영적 세계를 모르는 자,
죽음이 두려운 자,
제사를 포기 못하는 자,
행복이 목적인 자,
자신을 믿는 자,
신이 어디 있어 하는 자,
왜 예수를 믿어야 하는지 모르는 자,
죽으면 끝이라 하는 자 등
각종 이유로 예수를 거부하는 자들에게 주제에 맞게 전달할 수 있는 전도 방법이기 때문입니다.
또 그림 전도지는 스토리 형식에 시청각 효과까지 있어 보고 듣는 재미가 있어 집중이 잘되고
귀에 쏙쏙 들어온다는 큰 장점이 있으므로 관계 전도에는 딱 안성맞춤입니다.

노방 전도를 할 때도 바쁜 시대를 사는 사람들이 붙들어 전하면 듣겠나! 싶지만
정말 간절한 영혼들이 있습니다.
그들에게는 단점이 장점이 될 수 있다고 생각됩니다.
코로나 시대에 더욱 이 관계 전도지가 안성맞춤이 아닐까 싶습니다.

목사님, 그동안 연구하시느라 정말 수고 많으셨습니다.
그 수고와 애씀이 헛되지 않게 영혼 살리는 데 귀하게 사용하겠습니다.
감사합니다. 목사님!

김정임 목사

지금은 관계 전도 시대입니다

전도에는 교회의 생사가 달려 있습니다.
특히 미자립교회는 더더욱 그렇습니다.
학생이 없는 학교는 학교가 필요 없듯이 성도가 없는 교회도 마찬가지이기 때문입니다.
그래서 주님의 명령이기 전에 모든 교회는 전도에 올인할 수밖에 없습니다.
이런 전도의 압박감에 전도지를 가지고 길거리로 나가지만 전도의 환경은 그리 녹록지 않습니다.
또한 차와 커피와 음료를 나누어 주며 전도를 하지만 이 방법 역시 녹록지 않습니다.
예전엔 길거리에서 예수 천당, 불신 지옥만 외쳐도 전도가 되던 시절이 있었습니다.
그때는 영적으로 갈급한 시기였기 때문에 당연히 잘 될 수밖에 없었습니다.
그러나 지금은 상황이 달라졌습니다.
사람들이 자세히는 몰라도 예수님에 대해 어느 정도는 알고 있습니다.
그래서 지금은 열정 하나만으로는 안 됩니다.
간단히 길거리 전도만으로도 안 됩니다.
이제는 시대에 맞게 전도 전략도 바뀌어야 합니다.
즉 복음의 정수는 변함이 없어야 하지만 불신자들에게 다가가는 전도 전략이나 방법은
시대와 상황에 맞게 달라져야 합니다.
그렇다면 시대와 상황에 맞는 전도 전략은 무엇일까요?
양식형 전도 방법입니다.
지금은 열악한 전도 환경 때문에 투망식 전도보다 양식형 전도 방법이 더 효과적일 수 있습니다.
그렇다면 투망식 전도와 양식형 전도란 무엇일까요?
먼저 투망식 전도가 길거리에서 지나가는 사람들에게 가볍게 복음을 전하는 방식이라면,
양식형 전도 방법은 전도 대상자를 선정해 놓고 보살피고 양육하며 전도하는 방법을 말합니다.
마치 양식장에 치어를 가두어 놓고 보살피고 먹이를 주며 키워서 잡는 것과 같은 방법을 말합니다.
이 양식형 전도 방법이 얼마나 효과적인지 통계가 잘 말해 주고 있습니다.

웨스트민스터신학대학원 김선일(실천신학) 교수가 한국교회100주년기념관 새세대아카데미 컨퍼런스에서 발표한
설문조사입니다.
회심한 크리스천 266명을 대상으로 '신앙생활을 어떻게 시작하게 됐는지' 등에 대해
서면과 이메일, 대면 인터뷰 조사를 실시했습니다.
당신을 기독교 신앙으로 인도하거나 도움을 준 이들이 누구냐를 묻는 질문에
놀랍게도,
친구가 20%, 부모가 15%, 목회자 14%, 형제자매 11%, 친척 9%,
선후배 7%, 배우자 4% 순이었습니다.
여기에서 주목할 부분은 노방전도나 축호(가가호호 방문) 전도로 교회에 출석했다는 응답은
266명 가운데 1명에 불과했습니다.
이 설문 통계는 영혼 구원에 있어서 가족, 친척, 친구의 비중이 얼마나 큰지를 잘 보여주고 있습니다.

또한 길거리에서 모르는 사람에게 전도하기가 얼마나 어려운 시대가 되었는지와
아는 사람이 아니면 한 사람을 교회로 인도하기가 얼마나 어려운 시대가 되었는지를 잘 알게 해 줍니다.
그래서 관계 전도는 역사의 한 패러다임 속에서 시대적 요구가 되어버렸습니다.
왜냐하면 우리 모두 서로서로가 다 관계를 맺고 살아가기 때문입니다.
또 이러한 관점에서 볼 때 관계 전도는 황금 어장이라 할 수 있습니다.
우리는 이 황금 어장을 백분 활용해야 합니다.
《잘 듣는 그림 전도지》는 많은 영혼을 낚는 황금 어장이 될 것입니다.
왜냐하면 간단하게 전하는 투망식 전도지가 아니라 한 영혼에게 집중하고 시간이 걸리더라도
정성을 들여 복음을 전하는 양식형 전도지이기 때문입니다.

존경하는 전도자 여러분! 저는 길거리 전도나 다른 전도 방법들이 잘못되었다는 것이 아닙니다.
이왕이면 같은 시간, 같은 에너지를 쏟는다면 더 효율적인 전도 방법을 사용해야 하기 때문입니다.
그뿐만 아니라 간단한 전도지에 비해 그림 전도지는 양이 많을 수 있습니다.
그러나 가까운 지인들에게 복음을 전할 때 7~8분은 충분히 시간을 내줄 수 있습니다.
내 삶에서 가장 가까운 사람이기 때문에 조금만 양해를 구하면 7~8분은 얼마든지 내줄 수 있습니다.
저는 전도 현장에서 전혀 모르는 사람에게 20분간 복음을 전해도 평균 70~80%가 영접하였습니다.

존 스토트 목사님은 "전도하지 않는 것은 죄"라고 말했습니다.
즉 살인, 도적질, 간음, 거짓말하는 것만이 죄가 아니라 하나님의 명령에 불순종하는 것도 죄라는 것입니다.
그런데 안타까운 사실은 목사님과 장로님 중 평생 한 번도 전도해 보지 않은 사람이 68%라고 합니다.

주님은 다음과 같이 우리에게 명령하셨습니다.
우리는 주님의 명령에 귀를 닫지 말고 순종하는 자들이 되어야 합니다.
"이르시되 너희는 온 천하에 다니며 만민에게 복음을 전파하라"(마가복음 16:15) 했습니다.
"너는 말씀을 전파하라 때를 얻든지 못 얻든지 항상 힘쓰라"(디모데후서 4:2) 했습니다.
"길과 산울타리 가로 나가서 사람을 강권하여 데려다가 내 집을 채우라"(누가복음 14:23) 했습니다.

"지금 한국 교회는 전도의 불이, 부흥의 불이 꺼져가고 있습니다."
이 안타까운 시대 앞에 우리는 복음의 횃불을 들어야 할 사명이 있습니다.

존경하는 전도자 여러분!
《잘 듣는 그림 전도지》로 복음의 횃불을 들면 불쏘시개가 되어서 꺼져가는 전도의 불이,
부흥의 불이 활활 타오르게 될 것입니다.

《잘 듣는 그림 전도지》의 장점

전 세계에 코로나가 크게 맹위를 떨치고 있습니다.
그럼에도 많은 전도자들께서는 전도에 대해 거룩한 부담감을 가지고 있을 것입니다.
어떠한 환경에도 관여치 않고 어떻게 하면 복음을 효과적으로 잘 전할까 고민하고 계실 것입니다.
그렇다면 전도자 여러분, 전도에 있어서 어떤 부분이 가장 고민되고 부담되십니까?
첫째로, 전도할 때 제일 부담되는 것은 사람과의 접촉점일 것입니다.
둘째로, 어디서부터 시작해야 할까 하는 부담감일 것입니다.
셋째로, 상대방이 잘 들어 줄까 하는 부담감일 것입니다.
넷째로, 복음을 쉽게 전할 수 있을까 하는 부담감일 것입니다.
다섯째로, 어떻게 하면 상대방으로 하여금 집중시키고 마음에 와 닿게 할까 하는 부담감일 것입니다.

그래서 저는 아신대(ACTS)와 총신대학원을 졸업한 후 6-7년을 넘게 기존 전도 방식의 단점들을
연구하여 다음과 같이 보완하였습니다.

첫째, 누구나 다 알고 있는 근본적이고 증명된 것을 전도지에 실었습니다.
둘째, 복음을 듣는 자의 눈높이로 쉽고 단순하게 했습니다.
셋째, 전하는 자보다 듣는 자의 입장으로 만들어 어느 전도지보다 잘 듣고 잘 받아들이게 했습니다.
넷째, 전하는 자와 듣는 자 간에 서로 소통할 수 있는 공통분모를 챕터마다 실었습니다.
다섯째, 모든 챕터마다 그림을 넣어서 남녀노소 누구나 쉽게 집중할 수 있게 하였습니다.

복음은 말하는 사람의 언어라기보다 듣는 사람의 언어입니다. 그래서 쉽고 단순해야 합니다.
아무리 우리에게 익숙한 이야기라 할지라도 그것이 불신자들에게 불편하게 들리면 복음 현장이 어렵습니다.
그래서 누구나 잘 듣는 그림 전도지는 쉽고 단순합니다.

지금 한국 교회는 전도지가 발에 차이고 홍수처럼 차고 넘치지만, 자신 있게 전할 전도지는 많지 않습니다.
그러나《잘 듣는 그림 전도지》는 열정 하나만 있으면 누구든지 자신 있게 전할 수 있습니다.
그것은 전하는 자와 듣는 자와의 공통분모가 있고 현장에서 70~80% 영접시킨 검증된 전도지이기 때문입니다.
《잘 듣는 그림 전도지》로 한번 전해 보십시오.
전도에 대한 고민이 끝나고 전도에 대한 자신감이 넘치게 될 것입니다.
잘 듣는 그림 전도지는 전하면 전할수록 더 가치를 느끼고 강력한 복음의 무기가 될 것입니다.

"그런즉 그들이 믿지 아니하는 이를 어찌 부르리요 듣지도 못한 이를 어찌 믿으리요
전파하는 자가 없이 어찌 들으리요"(롬 10:14).

이 말씀처럼 불신자들이 "우리에게 들려주는 자가 없었다" 이렇게 항변하면 우리는 뭐라 할 말이 없습니다.
그러므로 우리는 다 같이 일어나서 복음의 횃불을 들어야 합니다.

"하나님으로부터 위대한 일을 기대하라. 하나님을 위해 위대한 일을 시도하라." - 윌리엄 캐리

이 전도지가 나오기까지 귀하게 섬겨 주신 분들

저는 원래 책까지 낼 계획은 아니었습니다.
그런데 하나님의 섭리 가운데 총신대학원 동기 목사님이신 함광교회 김상열 목사님과 만나고
그분의 조언으로 책을 발간하는 쪽으로 바꾸게 되었습니다.
그리고 김상열 목사님이 잘 아시는 진양교회 김경진 목사님 따님이신 김혜원, 김혜주 두 자매님을 소개해 주셨고,
이 두 분이 그림 전체를 섬겨 주셨습니다.
여호와 이레로 하나님께서 예비해주신 너무나 귀한 보석 같은 믿음의 자매님들이었습니다.
주님의 복음을 위해서 본인이 쓰임 받는 것으로도 영광이라고 하면서 기꺼이 무보수로 섬겨 주셨습니다.
지금까지 한 번도 힘든 내색하시지 않고 기쁘게 섬겨 주셨습니다.
그뿐만 아니라 여름 휴가까지 주님의 복음을 위해 반납하고 아낌없이 섬겨 주셨습니다.
다른 분들은 챕터당 사례를 꼬박꼬박 받으려 했는데, 자매님은 처음부터 끝까지 무보수로 헌신해 주셨습니다.
우리 한국 교회에 이렇게 주님의 보석 같은 귀한 일꾼이 있음에 한국 교회의 장래가 밝다는 생각이 듭니다.
한국 교회 전도의 불이 꺼져가고 있는데 두 자매님의 헌신으로 한국 교회가 다시 전도의 불이 붙기를 소망합니다.
주님의 사랑으로 섬겨 주신 자매님께 감사드립니다.

그리고 다음으로 별처럼빛나는교회 라원기 목사님(전 한동대 객원교수 15년 역임)께 감사드립니다.
교수님의 책 중에《만화로 보는 기독교》의 글이 너무나 훌륭해서 목사님 글을 첨가하고 싶지만
제 글이 아니어서 목사님께 정중히 전화로 부탁을 드렸는데 흔쾌히 허락을 해 주셨습니다.
주님의 복음을 위해 아낌없이 나누어 주신 라원기 목사님에게 진심으로 감사드립니다.
저는 혹시나 교수님께서 반대하면 어떨까 내심 걱정했는데,
오히려 교수님께서는 본인의 글이 주님의 복음을 위해 함께 쓰임 받는 것을 기쁘게 생각하셨습니다.
저는 교수님을 직접 뵙지는 않았지만, 진정으로 영혼을 사랑하시고 주님의 복음을 위해서
아낌없이 베푸시는 분이구나 하는 생각이 들었습니다.
교수님의 귀한 글, 주님의 복음을 위해 소중하게 사용하겠습니다. 감사드립니다.

그리고 그림의 아이디어는《조이풀만화전도지》최병철 장로님 허락하에 일부를 가져왔습니다.
장로님의 글과 그림도 너무 훌륭해서 부탁을 드렸는데 기꺼이 허락해 주셨습니다.
그림 일부를 허락해 주신 최병철 장로님께 진심으로 감사드리며,
장로님의 귀한 글과 그림을 주님의 복음을 위해 귀하게 사용하겠습니다.

또한 책이 마무리될 무렵, 한국창조과학회 오경숙 본부장님께서 과학과 관련된 두 챕터를 감수해주셨고,
한국창조과학회 이경호 회장님께서는 귀한 추천사까지 써 주셨습니다. 두 분께 마음을 담아 깊이 감사드립니다.
두 분을 직접 뵙지는 못했지만, 겸손과 주님을 뜨겁게 사랑하는 마음,
그리고 주님의 복음을 위해 헌신하고자 하는 뜨거운 열정이 와 닿았습니다.
한국창조과학회의 이 귀한 섬김이 헛되지 않고 전국 교회에 흘러가서 부흥의 불씨가 되고
하나님 나라를 확장하는 데 귀한 밀알이 될 줄 믿습니다.
주님의 복음을 위해 성심으로 섬겨 주신 한국창조과학회에 다시 한번 감사드립니다.

전도에 대한 자신감과 《잘 듣는 그림 전도지》 활용법

첫째로, 전도자들은 패배주의를 버려야 합니다.
오늘날 교회는 세상으로부터 따가운 시선과 손가락질을 받고 있습니다.
또한 많은 교회가 부흥이 멈추고 코로나 여파로 전도의 문이 꽁꽁 잠겨 있습니다.
그러다 보니 "이런 판국에 무슨 전도가 되겠어!", "이제 전도의 시대는 지나갔어!"
이런 말들이 교회 안에서 공공연히 나오고 있습니다.
하지만 이는 다 사탄이 교회와 성도들 안에 심어준 심각한 패배주의라는 사실을 잊어선 안 됩니다.
수년 전 티벳의 승려 62명이 그리스도를 영접하였고, 2만 명의 티벳인들이 하나님을 믿었습니다.
그분만 아니라 나이지리아에서는 무려 78만 명이 회심하고 크리스천이 되기도 했습니다.
그러므로 전도자들은 사탄이 심어주는 패배주의에 절대 빠져서는 안 됩니다.

둘째로, 전도자들은 하나님의 택한 백성이 있는 한 구원은 멈출 수 없음을 잊어선 안 됩니다.
사도행전 18장은 고린도 지역에서 선교 사역을 하는 사도 바울에 대해 이야기하고 있습니다.
그 장에 따르면 사도 바울이 고린도 지역에서 선교 사역을 하고 있을 때 많은 유대인들이
사도 바울의 사역을 훼방하고 있었습니다.
그런데 9절과 10절의 말씀을 보면, 사도 바울이 유대인의 훼방으로 두려워하고 있을 때
주님께서 밤중에 환상 가운데 나타나셔서 "두려워하지 말며 침묵하지 말고 말하라" 하셨습니다.
왜! 그렇다면 주님께서 "두려워하지 말며 침묵하지 말고 말하라" 하셨을까요?
그것은 그 성에 하나님께서 택하신 백성이 많기 때문이었습니다.
만약 사도 바울이 주님의 약속의 말씀이 있음에도 불구하고 유대인의 훼방이 두려워 복음을 전하지
않았다면 그 성에 있는 하나님께서 택하신 많은 백성이 구원의 복음을 듣지 못했을 것입니다.

많은 성도들과 많은 교회들이 코로나19로 전도에 용기를 내지 못하고 잔뜩 움츠리고 있습니다.
"이러한 시국에 무슨 전도냐! 전도는 꿈도 꾸지 말라!" 하고 있습니다.
그러나 전능하신 하나님은 환경을 초월하여 역사하시는 분입니다.
어떻게 보면 오늘날의 코로나19는 유대인의 훼방처럼 두려움이 될 수 있습니다.
그러나 사도 바울이 유대인의 훼방을 극복하고 복음을 전하자 택함 받은 많은 백성들이 주께 돌아왔습니다.
주님께서는 지금도 우리에게 말씀하고 계십니다.
비록 코로나19 시국일지라도, 비록 척박한 전도의 환경일지라도
많은 택한 백성이 있기에 너는 잠잠하지 말고 복음을 전하라고 말씀하십니다.
여기에 우리 전도의 목적이 있고, 전도를 멈출 수 없는 이유이기도 합니다.

셋째로, 전도자들은 한 영혼을 누구보다 소중히 여겨야 합니다.
수많은 영혼을 주님께 인도한 무디는 지옥의 중요성을 다음과 같이 강조하였습니다.
만약 지옥이 없다면 성경책을 다 태워버리고, 또한 지옥이 없으면 교회를 다 사교장으로 만들고,
또한 지옥이 없으면 많은 돈을 들여 교회를 지을 필요가 없다고 하였습니다.
전도자 무디는 교회의 존재 목적과 이유를 분명하게 말하면서 영혼의 소중함도 역설적으로 말했습니다.
이 땅에서 가장 소중하고 중요하고 가치 있는 것은 생명입니다.
예수님은 온 천하를 얻고도 생명을 잃으면 아무런 유익이 없다고 하시며 생명의 소중함을 수차례에 걸쳐서

말씀하셨습니다(마 16:26). 그러므로 전도자들도 주님처럼 한 영혼 한 영혼을 소중하게 생각해야 합니다.
저도 《잘 듣는 그림 전도지》를 만들 때 이러한 마음으로 만들었습니다.

넷째로, 《잘 듣는 그림 전도지》는 누구나 잘 듣는 전도지이기에 자신 있게 전해야 합니다.
《잘 듣는 그림 전도지》는 전하는 자와 듣는 자 간에 공통분모가 있어서 잘 듣는 전도지입니다.
이 공통분모 장점 때문에 어떤 아저씨는 신문을 보다가 신문을 내려놓고 복음을 들은 후 영접하셨고,
또 어떤 아저씨는 비가 오는데도 불구하고 비를 맞으면서 영접하셨고, 또 어떤 아저씨는 아주머니에게 복음을
전하는데 조용히 다가와 복음을 듣고 아주머니와 함께 영접하기도 하였습니다.
그래서 제가 어떻게 복음을 듣게 되었냐고 물으니 재미있어서 듣게 되었다고 하셨습니다.
또 강원도 횡성에서 29년간 사역하셨던 사모님은 내용이 잘 정리되지 않은 상태에서 복음을 전하려 하니
채 1분도 제대로 전할 수 없었는데, 목사님의 전도지는 그림과 내용이 잘 정리되어 있어서
서울에 사는 친구 사모님 댁에 숙식하며 세미나에 오셨다 했습니다.
또 어떤 불교 신자 아주머니는 제 신분을 분명하게 밝혔는데도 불구하고 20분 동안 복음을 잘 들으셨습니다.
이를 통해 《잘 듣는 그림 전도지》는 타 종교인에게도 부담 없이 전할 수 있는 전도지임을 알 수 있습니다.
이런 장점이 있기에 제가 복음을 전했을 때 평균 70~80%가 영접 기도를 따라 했습니다.
사실 20분 듣기도 쉽지 않습니다. 그럼에도 평균 70~80%가 영접 기도를 따라 했다는 것은 놀라운 열매입니다.

다섯째로, 《잘 듣는 그림 전도지》는 다음과 같이 사용해야 합니다.
온 천하보다 귀한 영혼을 지옥으로부터 구원하는 길이라면 우리는 그 어떤 수고와 노력도 불사해야 합니다.
그래서 저는 복음을 전할 때 20분간의 내용을 완벽하게 외워서 전했습니다.
그 결과, 효과는 물론 힘 있게 복음을 전할 수 있었습니다.
세상의 달인들도 엄청난 노력으로 달인이 된 것처럼 전도자들도 전도의 달인이 되려면 엄청난 노력을 해야 합니다.
그럼에도 제 주변을 보면 어떤 노력과 대가도 없이 결과만 잔뜩 기대하시는 분들이 많습니다.
전도는 천하보다 귀한 영혼을 구원하는 귀한 일입니다.
그런데 아무런 노력 없이 수고 없이 결과와 성과만 기대한다면 과도한 욕심입니다.
제 경험에 비추어 볼 때 준비하는 만큼 자신 있게 전할 수 있었고, 또한 듣는 분들의 집중력도 높았습니다.

그리고 전도지를 사용함에 있어 꼭 알아 두어야 할 점입니다.
쳅터마다 진하게 구분한 부분은 중요한 포인트이기에 최대한 강조를 해서 전해야 합니다.
그리고 볼펜을 늘 하나씩 준비하여 그림이나 중요한 부분을 가리키며 전해야 합니다.
이렇게 하는 이유는 듣는 자를 최대한 집중시키기 위함이요, 그림과 중요한 부분을 최대한 활용하기 위함입니다.

마지막 결론으로, 왜! 우리는 전도를 해야 할까요?
전도하는 교회는 성도들이 성령 충만하고, 활력이 넘치고, 체험 신앙을 갖게 되기 때문입니다.
전도하는 교회는 성도들의 신앙이 뜨거워지고, 예배에 은혜가 넘치고, 신앙이 뜨거워지기 때문입니다.
전도하는 교회는 성도들의 문제가 자연스레 해결되고, 한 몸이 되고, 적극적이고, 복을 받게 되고,
교회가 성장하기 때문입니다. 그러므로 불같이 일어나 전도해야 하지 않겠습니까?

연합 전도훈련과 수련회를 위하여!

소 한 마리는 6톤의 짐을 끈다고 합니다. 그러면 소 두 마리는 각각 6톤씩 12톤의 짐을 끌게 됩니다. 그러나 소 두 마리가 힘을 합하여 짐을 끌게 하면 12톤이 아니라 무려 24톤의 짐을 끌 수 있다고 합니다. 각각 끄는 것보다 연합하여 끌면 갑절의 시너지 효과를 내는 것입니다.

전도서 4장 9절 말씀에도 "두 사람이 한 사람보다 나음은 그들이 수고함으로 좋은 상을 얻을 것임이라" 했습니다. 즉 두 사람이 협력하면 각자 자기만을 위해서 하는 것보다 더 좋은 성과를 가져올 수 있다는 것입니다. 또한, 전도서 4장 12절 말씀에도 "한 사람이면 패하겠거니와 두 사람이면 맞설 수 있나니 세 겹 줄은 쉽게 끊어지지 아니하느니라"라고 하여 솔로몬은 협력의 중요성을 강조하였습니다.

우리말 속담에도 "백지장도 맞들면 낫다"고 했습니다. 서로 힘을 합치고 모으면 모든 것을 할 수 있다는 말입니다. 하나님의 일도 마찬가지입니다. 여러 교회들이 서로 협력하고 힘을 모아야 합니다. 작은 교회들이 어떤 일을 하려고 할 때 가장 큰 고민은 일꾼과 재정, 기타 등등일 것입니다. 그러나 작은 교회들이 연합한다면 이런 고민은 하나의 기우일 뿐입니다. 작은 몇몇 교회가 연합하면 일꾼, 재정 등은 물론 자신감도 백배 얻게 될 것입니다. 마치 소 두 마리가 24톤의 짐을 끄는 시너지 효과를 내는 것처럼 말입니다. 그렇다면 여러 교회들이 무엇을 위해 연합하고 함께 노력해야 할까요?

1. 전도대회를 통해 전도자 양성을 하는 데 연합하고 노력해야 합니다.
교회의 부흥은 모든 교회의 숙제이고 간절한 바람입니다. 이 간절함에 많은 목사님들이 전도에 관한 설교를 하고 또 끊임없이 동기부여를 하지만 결과는 요지부동입니다. 마귀의 일꾼인 이단들은 포교를 위해서 얼마나 많이 노력합니까? 마귀의 일꾼들은 마귀의 일이라면 죽기 살기로 합니다. 그런데 하나님의 일꾼인 그리스도인이 마냥 손을 놓고 있으면 되겠습니까? 어떻게 해서든지 전도의 불을 살리고 전도 해법을 찾아야 합니다. 그 좋은 해법은 잘 듣는 그림 전도지로 교파를 초월해 지역별로 전도대회를 개최해서 수동적이고 소극적인 성도들을 능동적이고 적극적인 전도자로 만들어 지 교회의 부흥에 불씨가 되게 하는 것입니다. 즉 힘든 전도의 동기부여를 연합교회가 선의의 경쟁을 통해 전도의 일꾼도 힘든 전도도 극복하는 방법입니다.

2. 수련회 참석하기 전《잘 듣는 그림 전도지》의 로마서 6장 23절 챕터를 통해 참석자들을 교육시키고 데려와야 합니다.
로마서 6장 23절 챕터는 3페이지 분량이기에 크게 부담이 되지 않습니다. 한 영혼을 은혜로운 수련회로 인도하기까지는 많은 시간과 정성과 재정이 소요됩니다. 최대한 투자를 한 만큼 그만한 결과를 얻을 수 있어야 마땅합니다. 그런데 새 신자를 복음의 밭도 갈지 않고 마냥 데려오기만 하면 그 결과는 어떻게 되겠습니까?

3. 1박 2일 십자가 경험 수련회 강의 내용(이 강의 순서 외에도 먹방, 연예인과 전도왕 간증도 있습니다.)
  1) 우리는 하나님의 걸작품입니다!(창 2:7)
  2) 하나님 아버지의 크신 사랑!(롬 5:8)
  3) 놋뱀과 예수님의 십자가!(요 3:14-15)
  4) 기독교는 은혜로 구원 얻는 종교입니다!(엡 2:8-9)
  5) 치유와 회복을 위한 기도회!(사 53:5-6)

4.강의자 자격 조건
  1) 모든 연합교회 목사님, 사모님은 강의를 하실 수 있습니다.

2) 강의안을 철저히 숙지해야 합니다.(목사님, 사모님 앞에서 강의를 시범 보이고 통과해야 함)
3) 강의자 자세는 오직 자신의 의보다 하나님의 영광과 십자가만 자랑해야 합니다. 이것이 자격 조건입니다.

5. 수련회를 위한 연합 기도
출애굽기 17장 16-17절 말씀을 보면 이스라엘이 아말렉과 전투를 했을 때 모세가 손을 들면 이스라엘이 이기고 손을 내리면 아말렉이 이겼다고 했습니다. 아무리 말씀이 좋고 프로그램이 좋아도 하나님이 역사하시지 않으면 아무런 소용이 없습니다. 새 신자들이 십자가를 경험하고 주님을 만나는 것은 오로지 기도의 힘에 달려 있습니다. 수련회 내내 하나님의 성령이 온전히 역사하실 수 있도록 기도에 승부를 걸어야 합니다.

6.《잘 듣는 그림 전도지》수련회 목표
1) 십자가 경험 수련회 목표는 새 신자로 하여금 십자가를 경험하여 주님을 만나게 하는 것입니다.
2) 십자가 경험 수련회 목표는 새 신자들이 십자가 복음을 듣고 각 교회의 잘 정착하게 하는 것입니다.
3) 십자가 경험 수련회 목표는 십자가 복음으로 꺼져가는 한국교회의 전도 불씨를 함께 살리는 것입니다.

7.《잘 듣는 그림 전도지》수련회만의 장점
1) 십자가 경험 수련회 강의는 전도지처럼 쉽고 단순하여 새 신자들이 잘 집중합니다.(중간중간 선물 줌)
2) 십자가 경험 수련회는 **솥뚜껑 먹방** 특별 프로그램이 있어서 새 신자를 부담 없이 데려올 수 있습니다.
3) 십자가 경험 수련회 강의는 유명 목사님께서 하지 않고 아마추어인 연합교회 목사님들이 직접 강의를 하나씩 맡아 하기에 더욱 겸손하고 순수하여 성령의 기름 부으심과 구원의 은혜가 크게 넘칩니다.

짧은 간증으로 제가 목회보다 전도지에만 올인하니까 저의 아내가 전도지 만드는 것을 늘 못마땅해 했습니다. 그래서 전도지를 만들다가도 아내의 발자국 소리만 들리면 다른 것을 준비하는 것처럼 빨리 화면을 바꾸었습니다. 평소 전도지 만드는 것에 탐탁지 않아 했던 아내였지만, 은혜로운 수련회 분위기를 보자 제가 굳이 말을 하지 않았는데도 이 강의안은 우리 목사님께서 직접 다 만들었노라 자원하여 목사님, 사모님들께 자랑했습니다. 전도지를 보면 강의안 내용이 어떻게 만들어졌는지 짐작이 되실 것입니다. 십자가 경험 수련회 대상은 새 신자들이기에 그들이 강의를 듣고 어떻게 반응하느냐는 참으로 중요합니다. 수련회를 마치고 설문조사를 했는데 어떤 새 신자는 수련회와 강의 시간이 **어떻게 지나갔는지를** 몰랐다 했습니다.

존경하는 목사님, 사모님 그리고 성도님들!!! 전도만큼 유익한 것은 없습니다. 그러나 수련회는 더더욱 유익합니다. 그 이유는 교회 부흥과 직접 연결되기 때문입니다. 그러므로 함께 연합하여 한국교회 부흥의 밀알이 됩시다.

※《잘 듣는 그림 전도지》책 구분과 구매 안내(리더용과 전도용 두 권이 있습니다.)
1) 리더용은 추천사 등 모든 내용을 포함하였습니다.
2) 전도용은 추천사, 챕터 설명 등을 다 빼고 오직 전도지와 양육만 실어 실용적으로 만들었습니다. 또한, 전도용은 영구적이고 실용적으로 사용할 수 있도록 코팅과 스프링 처리를 하였습니다. 리더용도 좋지만, 전도용을 적극 구입하셔서 실질적으로 전도에 많은 유익이 있길 바랍니다. 이분만 아니라 전도용은 가까운 지인들에게 ○○님의 운명을 바꿀 귀한 책이라 하며 선물로 주셔도 좋습니다.
끝으로《잘 듣는 그림 전도지》는 탁상공론의 책이 아니라 현장에서 직접 체험을 바탕으로 원고를 썼고, 불신자들에게 최대한 쉽게 접근하기 위해 글 내용이 쉽고 단순함을 꼭 기억하셨으면 감사하겠습니다.

전도 첫 도입 글
아래 3개 중에 하나를 자유롭게 선택하여 사용하시면 됩니다.

저는 신천지나 여호와의증인 같은 이단에서 나온 사람이 아닙니다. 이 점에 대해서는 안심하셔도 됩니다.
저는 ○○교회에서 나왔습니다. ○○님, 잠깐 시간 좀 내주실 수 있겠습니까? 너무너무 소중한 말씀이니 꼭 한번 들어보세요.

○○님, 물체는 이 사람처럼 보면 알 수 있겠지요.

음성도 이렇게 헤드폰으로 들어보면 알 수 있겠지요.

음식도 이 사람처럼 먹어보면 알 수 있겠지요.

그렇다면 하나님은 어떻게 알 수 있을까요? 믿어봐야 알 수 있습니다.

○○님, 사람은 40일 동안 음식을 안 먹어도 삽니다.
그러나 공기는 4분만 안 마셔도 죽습니다.

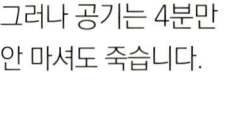

○○님, 이렇게 산소 줄을 끊으면 어떻게 될까요?

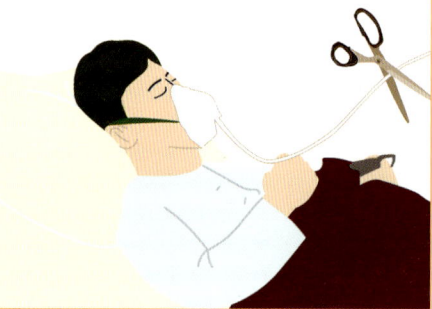

5분도 안 돼서 죽겠지요.
이렇게 보이지 않는 공기가 우리 인간에게 소중한 것처럼 이 공기를 만드신 하나님은 얼마나 더 소중하겠습니까?
이렇게 소중하신 하나님을 잠깐 소개해도 되겠습니까?

동물 중에 인간의 흉내를 제일 잘 내는 동물은 원숭이입니다. 그래서 이렇게 담배도 피우고 카드 놀이도 합니다.
그러나 제아무리 인간의 흉내를 잘 내도 이렇게 제사는 드리지 못합니다.
그렇지만 인간은 아무리 오지에 살아도 이렇게 신을 섬깁니다.
그것은 하나님께서 사람에게 영원을 사모하는 마음을 주셨기 때문입니다(전도서 3:11).
"○○님, 인간에게 영원을 사모하는 마음을 주신 그 하나님에 대해 알고 싶지 않습니까?
잠깐 시간을 내주시면 제가 쉽고 간단하게 말씀드리겠습니다.

열한 챕터
전도지

01 인간의 영혼은 절대 죽지 않습니다!

열한 챕터 전도지

이 집을 보세요. 이 집 안에 사람이 살고 있습니다.

마찬가지로 인간에게도 육체라는 건물 안에 나라는 **영혼이** 살고 있습니다. 그것을 어떻게 알 수 있을까요? 무속인을 보면 잘 알 수 있습니다.

어느 날 멀쩡한 사람에게 신이 내리면 **무당이** 됩니다. 또, 이 무당 안에 귀신이 들어가면 과학적으로 증명할 수는 없지만 작두를 탑니다. 체조 선수가 평균대에서 밤낮으로 연습한다 할지라도 얼마든지 실수로 넘어질 수 있습니다.

그러나 무당은 시퍼런 작두 위에서 똑바로 중심을 잡을 뿐만 아니라 춤까지 춥니다.

이것이 어떻게 가능할까요? 그것은 무당 속에 들어가 작두를 타게 하는 **귀신의 힘** 때문에 가능한 것입니다.

많은 사람이 영의 세계가 보이지 않는다는 단 하나의 이유로 영의 세계를 인정조차 하지 않으려고 합니다.
그렇다면 무당이 **시퍼런** 작두 위에서 춤을 추는 것을 어떻게 설명할 수 있겠습니까?
그 시퍼런 작두 위에서 춤을 추는데도 발이 멀쩡합니다.
○○님, 이것을 저에게 **설명**해 주실 수 있습니까?
사실 여기에 조금만 귀 기울이고 관심을 가지시면 비록 눈에 보이지 않는다 해도 영의 세계를 간접적으로 알 수 있습니다.
무당이 시퍼런 작두 위에서 춤을 추는 것은 인간으로서는 도저히 불가능하기 때문입니다.
귀신의 힘이 아니고는 그 시퍼런 작두 위에서 춤을 출 수 없습니다.
우리가 조금의 상식만 가져도 영의 세계를 부인할 수 없습니다.
그런데 왜 사람들은 이 사실을 쉽게 간과하고 모를까요?
그것은 거짓의 왕 마귀의 방해 때문입니다.
그렇다면 마귀는 왜 이 사실을 알지 못하게 방해할까요?
그것은 **예수님을** 믿지 못하도록 방해하기 위해서입니다.

성경 고린도후서 4장 4절을 보면
"그 중에 이 세상의 신이 믿지 아니하는 자들의 마음을 혼미하게 하여 그리스도의 영광의 복음의 광채가 비치지 못하게 함이니"라고 했습니다.

죽으면 끝이지! 21세기에 무슨 천국과 지옥이 있어!

자네 말이 맞네. 예수쟁이들은 보이지도 않는데 무작정 믿으래.

이 **고린도후서 4장 4절**의 말씀을 풀이하면 거짓의 왕 마귀가 영의 세계를 **보지** 못하는 인간들의 약점을 이용하여 다음과 같이 속입니다. "첫째, 하나님도 없다. 둘째, 지옥도 없다. 셋째, 천국도 없다. 넷째, 내세도 없다. 오직 육체만 있고 영혼은 없기 때문에 죽으면 끝이다"라고 하면서 많은 사람을 속이고 있습니다.

설마가 사람 잡는다는 말이 있습니다.
설마설마 지옥이 있겠어!
하다가 지옥에 가면 그때는 이미 마귀에게 속은 것입니다.
○○님, 왜 많은 사람이 하나밖에 없는 소중한 생명을
쉽게 포기해(자살) 버릴까요?
이것도 거짓의 왕 **마귀에게** 속아서 그렇습니다.
많은 사람은 조금만 힘들어도 죽으면 끝이라고 쉽게
입버릇처럼 말합니다. 그러나 결코 끝이 아닙니다.
우리가 이 사실 하나만 따져 봐도 그렇습니다.
무당 안에 들어간 귀신이 '**죽었거나 소멸**되었다'는 것을
들어본 적이 없을 것입니다. 왜냐하면 귀신은 우리 인간처럼
육체를 가지고 있는 피조물이 아니기 때문입니다.

예전에 천신을 받아 무속인으로 살아가던 김여정 자매님의
간증을 들어보면 귀신은 조상신을 가장해서 무당 안에 들어와
무당을 실컷 부려먹고 실용 가치가 없으면 나중에 몸을
못 쓸 정도로 내쳐 버린다고 합니다.
얼마나 나쁘고 악한 귀신입니까?
이러한 귀신을 단칼에 없애 버려야 하지 않겠습니까?
그런데 귀신은 **영물**이기 때문에 도저히 죽일 수 없습니다.
마찬가지로 우리 육체 안에 사는 '나'라는 영혼도 '**영**'이기
때문에 '**죽거나 소멸**'될 수 없습니다. 그러므로 영의
세계가 안 보인다고 죽으면 끝이라 쉽게 말하면 안 됩니다.
왜냐하면 ○○님의 영혼의 운명이 달려 있기 때문입니다.

성경 히브리서 9장 27절에는
"한번 죽는 것은 사람에게
정해진 것이요 그 후에는
심판이 있으리니"라고 했습니다.

○○님, 이 성경 말씀처럼
이 세상이 결코 끝이
아닙니다.
이 세상은 **내세를**
가기 위한
장소일 뿐입니다.

**또 내가 보니 죽은 자들이 큰 자나 작은 자나 그 보좌 앞에
서 있는데 책들이 펴 있고…자기 행위를 따라 책들에
기록된 대로 심판을 받으니(요한계시록 20:12).**

즉 임금이나 종이나
하나님 보좌 앞에 서서
책들에 **기록된** 대로
심판을 받습니다.
그리고 심판 후에는
곧바로 지옥으로
떨어집니다. 그렇습니다.

하나님을 욕하고 부정하든, 또한 좋든 싫든 어쩔 수 없이
모든 인류는 **한 번은** 하나님을 만나야 합니다.
그러면 그때가 언제일까요?
백보좌 심판 때입니다.
왜 모든 인류가 한 번은 하나님을 만나고
하나님 앞에 서야 할까요?
그것은 **심판** 때문입니다.
그러면 심판의 기준은 무엇일까요?
사람들의 **행위와 예수님을** 믿고 안 믿고가
기준이 될 것입니다.

○○님, 이제 정말 지혜로운 선택을 하셔야
합니다. 마지막 **백보좌** 심판대에 서면
그때는 이미 늦습니다.
그리고 아무리 후회한들 소용없습니다.
지금 이 순간에
영원한 지옥이냐
영원한 천국이냐를
결정해야 합니다.

하나님의 아들이신 예수님은
○○님을 죄와 죽음과 영원한
지옥에서 구원해 주시기 위해
인간의 몸이 되셔서 이 땅에
태어나셨습니다.

그리고 ○○님의
죄를 깨끗하게
해주시기 위해서
십자가에
달려 죽으셨습니다.

하지만 이 구원이 ○○님에게 적용되기
위해서는 ○○님이 하실 일이 있습니다.
입으로 시인하고 고백을 해야 합니다.
○○님 괜찮으시다면, 영접 부분을
읽어 주시면 감사하겠습니다.

예수님, 나의 죄를 위해
십자가에 죽으심을
내가 믿사오니
나를 구원해 주세요.
예수님의 이름으로
기도합니다. 아멘.

인간의 영혼은 절대 죽지 않습니다! (고린도후서 4:4)

인간의 영혼은 절대 죽지 않습니다.
이 전도지를 만들게 된 동기는 저의 할머니와 아버지에게 복음을 전하면 늘 하시는 말씀이
죽으면 끝이지 무슨 천국이 있고 지옥이 있냐 하시며 아예 복음 자체를 들으려 하지 않으셨습니다.
그렇다고 할머니와 아버지에게 천국과 지옥을 딱히 보여 줄 수도 없고 정말 답답한 노릇이었습니다.
왜냐하면 영의 세계는 죽음 이후에나 볼 수 있는 세계이기 때문입니다.
결국, 할머니와 아버지는 하나님께 오랜 기도로 예수님을 영접하시고 천국에 가셨지만
여전히 이 부분에 있어선 풀어야 할 숙제였습니다.
그러다가 하나님의 은혜로 전도지를 만들게 되면서 이 챕터도 만들게 되었습니다.

저뿐만 아니라 복음을 전하시는 분들께서도 이런 질문을 간혹 받으셨을 것입니다.
부모님이나 가까운 지인들이 지옥 가면 안 되기에 안타까움에 복음을 전하면
"무슨 천국이 지옥이 있냐! 죽으면 끝이지!"
또는 "죽어봐야 알지!" 이런 질문을 말입니다.
이럴 때 전도자들은 논리적으로 준비한 복음이 없으면 딱히 무어라 말해 줄 수 없었을 것입니다.
그래서 저는 이 난제를 풀기 위해서 무속인 무당을 비유로 들었습니다.
노방 전도 때도 많은 사람들이 이 무속인 무당의 이야기를 하면 많은 관심을 보였습니다.

많은 사람이 죽으면 끝이라고 합니다.
그러나 그것은 육체만 있고 육체 안에 '나'라는 영혼이 있는 것을 모르기 때문입니다.
그러므로 전도 대상자들에게 '나'라는 영혼이 있다는 것을 설명해 주는 것이 매우 중요합니다.
그래서 인간의 육체 안에 '나'라는 영혼이 있다는 것을 설명하기 위해서 다음과 같이 예를 들었습니다.

첫째로 건물을 예로 들어 쉽게 설명하였습니다.
즉 건물 안에 사람이 살고 있듯이, 육체 안에 나라는 영혼이 살고 있습니다.
이 내용이 이 챕터의 중요한 포인트이자 **첫 번째** 공통분모입니다.

둘째로 우리가 눈으로 직접 귀신을 볼 수는 없지만,
귀신이 무당 안에 들어가 무당으로 시퍼런 작두 위에서 춤을 추게 하는 그것을 볼 때에 우리가 비록 영의 세계를
볼 수는 없지만, 간접적으로 영적 존재와 영의 세계가 있음을 알 수 있습니다.
이 내용이 이 챕터의 중요한 포인트이자 **두 번째** 공통분모입니다.

셋째로 무당 안에 있는 귀신이 영물이라 절대 죽지 않듯이
육체 안에 나라는 영혼도 영이기 때문에 절대 죽을 수 없습니다.
이 내용이 이 챕터의 중요한 포인트이자 마지막 **세 번째** 공통분모입니다.

이 챕터에서 전하는 자나 듣는 자의 공통분모는 무속인 무당입니다.
공통분모가 있으면 전도 대상자들에게 쉽게 다가갈 수 있고 쉽게 복음을 전할 수 있습니다.
그러므로 복음을 전할 때 이 챕터로 애걸하지 말고 자신 있게 전해야 합니다.

02 열한 챕터 전도지

혹시 **십자가**에 대해 아십니까?

지금은 십자가가 『평화와 사랑과 안전』을 상징해서 이렇게 **액세서리나 장식용**으로 사용합니다.

또, 병원이나 교회나 적십자나 녹십자에서 **로고로** 사용하고 있습니다.

그뿐 아니라 **18개** 나라에서 "우리는 평화와 사랑과 안전을 구하는 나라입니다"라는 의미로 국기에 십자가를 로고로 사용하고 있습니다.

※ 국기에 십자가를 넣은 나라
잉글랜드, 덴마크, 페로제도, 통가, 영국, 피지, 핀란드, 뉴질랜드, 도미니카연방, 오스트레일리아(호주), 도미니카공화국, 스웨덴, 투발루, 그루지아, 노르웨이, 스위스, 북아일랜드, 그리스

○○님! 예수님이 십자가에서 죽기 전에는 이 십자가가 어떤 의미로 사용되었는지 혹시 알고 계십니까? 생각보다 **많은** 사람이 잘 모르고 계십니다.

예수님이 십자가를 지시기 전에는 가장 수치스러운 것이었습니다. 사형수를 어떻게 하면 최고로 **잔인하게, 천천히** 고통스럽게 죽일까 하고 생각해 낸 사형집행 도구였습니다. 그리고 예수님은 다른 죄수보다 가시 면류관까지 쓰셔서 고통이 배가 되셨습니다.

또, 이 십자가는 인간이 생각해 낸 것 중에서 최고로 잔인한 사형 집행 도구였기에 로마인들은 자국민을 한 명도 십자가에서 처형하지 않았고, **포로나 노예들에게만** 십자가로 사형을 집행하였습니다.

이렇게 인간이 생각해 낸 가장 잔인한 사형집행 도구이기에 예수님도 이 고통스러운 십자가를 지시기 전에 겟세마네 동산에서 땀방울이 **핏방울이** 되도록 간절히 기도하셨습니다.
그렇다면 왜 예수님께서는 아무 죄도 없으신데, 저 잔인한 십자가를 지셨을까요? 그것은 우리를 저 영원한 **지옥과 죽음과 죄에서** 구원해 주시기 위해서였습니다.
그분만 아니라 하나님 아버지께서도 우리를 너무나 사랑하시기에 저토록 잔인한 십자가에 하나밖에 없는 독생자 예수님을 우리의 죄를 위하여 십자가에 내어 주셨습니다.

그러므로 예수님의 십자가를 거절하는 것은 곧 하나님의 **사랑을** 거절하는 것과 같습니다.
요한복음 3장 18절에 다음과 같이 기록되었습니다. "그를 믿는 자는 심판을 받지 아니하는 것이요 믿지 아니하는 자는 하나님의 독생자의 이름을 믿지 아니하므로 벌써 심판을 받은 것이니라."
즉, 하나님의 사랑을 거절하는 자에게 또한 예수님을 믿지 않는 자에게는 **심판이** 있음을 말씀하고 있습니다.
하나님은 지금 ○○님을 애타게 찾고 기다리고 계십니다. 그럼에도 계속 거절하다 보면 언젠가….

그러므로 **살아** 있을 때 예수님을 영접해야지 죽은 다음에는 두 번 다시 기회가 없습니다.
로마서 10장 10절을 보면 "사람이 마음으로 믿어 의에 이르고, 입으로 시인하여 구원에 이르느니라"라고 했습니다.

그러므로 ○○님께서도 마음으로 믿고, 입으로 고백해야 합니다.
○○님, 괜찮으시다면, 영접 부분을 읽어 주시면 감사하겠습니다.

예수님, 나의 죄를 위하여
십자가에서 죽으신 것을 내가
믿사오니 나를 용서해 주시고
나를 구원해 주세요.
예수님의 이름으로 기도합니다. 아멘.

예수님을 영접하면 단순히 구원만 받는 것이 아닙니다.
다음과 같은 **선물이** 주어집니다.

구원이 너무 쉽고 간단해서 구원을 받았는지 믿음이 잘 가지 않는다는 생각이 들 수도 있습니다.
그러나 이 그림의 원리를 알면 쉽게 이해할 수 있습니다.
여행 갈 때 이처럼 **배나 비행기를** 타면 쉽게 갈 수 있습니다.
마찬가지로 천국도 예수님의 **십자가를** 타면 누구든지 이렇게 쉽게 갈 수 있습니다.

혹시 십자가에 대해 알고 계십니까! (로마서 1:16)

십자가를 아십니까? 이 챕터보다 복음을 쉽게 또한 자신 있게 전할 수 있는 챕터는 없습니다.
그 이유는 제아무리 기독교를 무시하고 반대를 해도 십자가는 평화와 사랑과 안전을 상징한다는
공통분모가 있기 때문입니다.
그래서 예수님을 믿든 안 믿든 교회를 다니든 안 다니든 이 십자가 복음을 효과적으로 전할 수 있습니다.
또 심지어는 기독교와 십자가를 혐오하는 이슬람인들에게도 복음을 효과적으로 전할 수 있습니다.
그 이유는 그들이 아무리 기독교와 십자가를 부인해도 아프면 십자가 로고가 있는 병원에 가야 하기 때문입니다.
이 십자가 로고는 병원이나 녹십자나 적십자나 교회에서 사용하고 있습니다.
또한, 이 십자가 로고는 열여덟 나라의 국기에도 사용하고 있습니다.

예수님이 이 십자가를 지시기 전에는 평화와 사랑과 안전의 의미로 사용한 것이 아니라 어떻게 하면 죄수들을
잔인하고 고통스럽게 그리고 천천히 죽일까 하여 인간이 생각해 낸 가장 잔인한 사형집행 도구였습니다.
하지만 많은 사람들은 예수님께서 이 십자가를 지기 전에 십자가가 어떠한 용도로 사용되었는지를
잘 모르고 있습니다.
심지어 많은 기독교인조차도 잘 모르고 있습니다.
이 내용이 이 챕터의 중요 포인트이자 **첫 번째** 공통분모입니다.

그렇다면 이런 어마무시한 십자가를 왜! 아무 죄도 없으신 예수님이 지셨는가!입니다.
그것은 우리를 죄와 죽음과 영원한 지옥에서 구원해 주시기 위함입니다.
이 내용이 이 챕터의 중요 포인트이자 **두 번째** 공통분모입니다

그리고 하나님은 독생자 예수님을 아낌없이 우리의 죄를 위해 십자가에 내어 주셨습니다.
그러므로 이 십자가를 거절하면 안 됩니다.
왜냐하면 십자가를 거절하는 것은 하나님의 사랑을 거절하는 것과 같기 때문입니다.
예수님의 십자가를 거절하는 것은 하나님의 심판을 스스로 받겠다고 자청하는 것과 같습니다.
이 내용이 이 챕터의 중요 포인트이자 마지막 **세 번째** 공통분모입니다.

기독교인이든 비기독교인이든 십자가는 굳이 설명을 안 해도 평화와 사랑과 안전을 상징한다는 것을 다 잘 알고
있습니다. 그러므로 복음 전도자는 이 챕터를 가지고 자신 있게 복음을 전해야 합니다.

**로마서 1장 16절에 "내가 복음을 부끄러워하지 아니하노니 이 복음은 모든 믿는 자에게 구원을 주시는
하나님의 능력이 됨이라 먼저는 유대인에게요 그리고 헬라인에게로다"라고 했습니다.**

※ 참고 : 십자가가 쓰이는 의미와 색깔이 조금씩 다릅니다.
    교회와 적십자 로고는 빨간색입니다.
    그러나 병원과 녹십자는 녹색입니다.
    환자나 상처 입은 자를 치료하여 살리고,
    기아에 허덕이거나 경제적으로 어려움을 당하는 자들을 구제하고,
    죽음으로부터 살린다는 의미로 녹색입니다.

03
열한 챕터 전도지

자연을 통하여 **하나님**을 볼 수 있습니다!

많은 사람들이 이 그림의 사람들처럼 하나님이 계시면 증거를 보여 달라, 하나님을 보여주면 믿겠다고 합니다.
그러나 하나님은 '영'이시기에 우리 눈에 안 보일 뿐이지 안 계신 것이 아닙니다.
성경은 **자연 만물을** 통하여 얼마든지 하나님을 볼 수 있다고 말씀하고 있습니다.
아래 성경 말씀을 같이 읽도록 하겠습니다.
"창세로부터 그의 보이지 아니하는 것들 곧 그의 영원하신 능력과 신성이 그가 만드신 만물에 분명히 보여 알려졌나니 그러므로 그들이 핑계하지 못할지니라"(로마서 1:20).
이 말씀이 무슨 뜻일까요?
"나는 하나님을 보지 못해서 못 믿었습니다."
누가 이런 **핑계를** 대지 못하도록 하나님은 자연 만물을 통해서 하나님을 보여주셨다는 뜻입니다
즉 하나님이 창조하신 이 자연 만물을 조금만 들여다보고, 잠시만 생각해 보면 얼마든지 하나님을 볼 수도 있고,
알 수도 있다는 뜻입니다.
굳이 증거가 필요 없다는 것입니다.
하나의 집을 지을 때도 이처럼 설계자가 있듯이 **우주 만물도** 설계자가 계시는데 그분이 바로 하나님이십니다.
지구는 그저 우연히 생겨난 땅덩어리가 아니고 매우 정밀하게 설계되었습니다.
그중의 하나가 지구의 **크기**입니다.
지구가 지금보다 10%만 더 크면 중력이 너무 강해지고 그 결과 물이 **수증기로** 증발되지 않아서 물의 순환이 차단되므로 생명체가 살 수 없게 되고, 반면에 지구가 지금보다 10%만 작아져도 이제는 중력이 너무 약해서 한 번 증발한 수증기는 우주 **공간으로** 영원히 날아가고 맙니다.

또 지구가 지금보다 조금만 더 빨리 자전하면 지구만 빨리 자전하는 것이 아니라 지구를 감싸고 있는 **공기까지** 빨리 돌기 때문에 더 강한 태풍이 더 자주 생깁니다.
그리고 지금보다 지구가 **더 느리게** 자전하면 밤낮의 온도 차가 심해서 사람이 도저히 살 수 없습니다.
그 대표적인 것이 달인데 달은 밤낮의 온도 차가 200도까지 난다고 합니다. 한낮에는 영상 120도, 한밤중엔 영하 80도까지 내려간다고 합니다. ○○님, 이런 달에서 살라 하면 살 수 있겠습니까? 당연히 못 살겠지요?

이 그림은 매년 기자가 새해 첫날에 첨성대에서 우주를 찍은 사진을 일러스트로 묘사한 것입니다.
수많은 별이 **북극성**을 중심으로 질서 있게 돌고 있습니다.
그런데 만약 바다의 모래알처럼 많은 이 별들이 **질서가** 없으면 어떻게 될까요? 서로 충돌하겠죠.
당연히 지구도 충돌하겠죠. 그리고 또 이 엄청나게 많은 별이 한꺼번에 **지구로** 떨어지겠지요.
그러면 ○○님, 지구는 어떻게 될까요?
멸망하겠지요?
그리고 저와 ○○님은 지금 이 지구에 **존재**하지도 못하겠죠.

오로라는 하나님께서 지구를 **보호**하고자 애쓰신 흔적입니다. 태양에서부터 따뜻한 열이 날아와서 지구를 따뜻하게 합니다.
그러나 태양은 원자폭탄보다 10배 더 강한 거대한 수소폭탄입니다.
그래서 태양에서 따뜻한 열이 지구로 날아올 때 **태양풍**이라 불리는 플라즈마 상태의 해로운 입자가 엄청나게 날아오게 됩니다.
지구가 아무리 아름답다고 하여도 태양풍이 계속 쏘아 댄다면 지구에는 그 어떤 생명체도 살 수 없을 것입니다.
그래서 하나님께 지구를 만드실 때 태양풍으로부터 지구를 보호하기 위해서 이에 대한 방어 장치를 만들어 주셨는데
이것이 바로 **자기장**이라는 것입니다. 이 자기장 때문에 태양에서 날아온 태양풍이 자기장 방패에 부딪혀 튕겨 나가고,
남극과 북극으로 이동하여 소멸하면서 지상 100~300km 위에 있는 기체에 충돌하여 빛을 내는데 이때 나타나는 모습이 바로 아름다운 **오로라**입니다.
만약 이 자기장 방어막이 없었다면 지구의 모든 생명체는 벌써 멸망하고 말았을 것입니다.
우리는 하나님께서 만들어 놓으신 이 자기장 덕분에 해로운 태양풍이 날아오는 것을 모르고, 아하~오로라 아름답다
하면서 **낭만**을 즐기는 것입니다.
○○님, 어떻습니까?
지구가 자기 **스스로** 알아서 적당한 크기로 만들어지고, 적당한 속도로 자전하고, 해로운 태양풍으로부터 지구를 보호하기 위해서
자기 스스로 자기장을 만들었을까요?
지금 지구는 온난화로 오존층에 구멍이 나고, 많은 이상 기후가 발생하고 있습니다.
그렇다면 지금도 지구가 스스로 알아서 구멍 난 오존층을 막고, 또 많은 이상 기후가 발생하지 않도록 지구가 스스로 알아서
해결해야 하지 않겠습니까? ○○님, 지구는 우연히 그냥 생겨난 행성이 아닙니다. **하나님**께서 창조하셨습니다.
그래서 맨 처음 시작하는 성경 **창세기 1장 1절**에서 "**태초에 하나님이 천지를 창조하시니라**"라고 말씀하셨습니다.

과학은 사람을 하나님으로부터 멀어지게 하지만, 그러나 과학을 통하여 **하나님을** 믿는 과학자들이 늘어나고 있습니다.
과학자들도 과학을 통하여 하나님을 믿는데 과학을 **연구하지** 않은 우리가 하나님을 믿지 않는다면 얼마나 어리석은 자가 되겠습니까? 이 사람은 무엇이 없다고 성경책을 버리고 있습니까?(하나님) 그래서 **시편 14편 1절**에 이렇게 기록하였습니다.
"**어리석은 자는 그의 마음에 이르기를 하나님이 없다 하는도다**"라고 했습니다.
하나님은 자연이라는 일반계시로 하나님 자신을 우리 인간들에게 보여주셨습니다.
그러므로 자연을 통해 하나님을 믿는 지혜로운 자가 되어야 합니다.

자연 만물을 통하여 하나님을 볼 수 있습니다!

(로마서 1:20)

사람들이 '과학' 하면 먼저 떠오르는 것이 딱딱하고 어렵다는 느낌입니다.
그러나 이 챕터에서 과학은 복음을 전하는 데 더 확실한 장점이 될 수 있습니다.
왜냐하면 성경처럼 과학적인 것이 없기 때문입니다.
그래서 별과 행성의 움직임을 발견한 뉴턴은 "하나님이 없다면 이토록 우아한 법칙이 없었을 것이다"라고
했습니다. 또한 케임브리지 대학에서 입자물리학을 연구하다 후에 성직자(목회자)가 된 존 폴킹혼도 "하나님께서
우주를 지구에 맞추어 놓았다"라고 하였습니다.

육신의 눈으로는 영이신 하나님을 볼 수 없습니다.
그래서 하나님을 믿지 않는 사람들 가운데 종종 이렇게 말합니다.
"하나님이 계시면 증거를 보여 달라, 하나님을 보여주면 믿겠다"고 말합니다.
이러한 말은 남녀노소 할 것 없이 누구나 던지는 질문입니다.
그러나 이럴 때 전도자는 당황하지 말고 오히려 과학을 통해 더 자신 있고 확실하게 하나님을 전해야 합니다.
이보다 하나님을 잘 보여 줄 수 있는 챕터는 없습니다.
그러므로 과학을 통하여 하나님을 잘 전할 수만 있다면 남녀노소 가리지 말고 전해야 합니다.
로마서 1장 20절은 "하나님의 영원하신 능력과 신성을 자연 만물을 통하여 볼 수 있다"고 했습니다.
그래서 칼빈은 "하나님은 자연 만물을 통하여 하나님의 존재를 계시하고 보여주셨기 때문에
우리가 눈을 뜨기만 하면 하나님을 볼 수 있다"고 했습니다.
과학자들이 눈만 뜨면 하나님을 볼 수 있도록 과학을 통해 증거들을 잘 제시해 놓았습니다.
그러므로 과학이라 하여 지레 겁을 먹지 말고 지혜롭게 이 챕터를 활용하시면 됩니다.
오히려 21세기에는 불신자들에게 복음을 전하는 데 과학이 더 잘 통할 수 있습니다.
그 좋은 예로 환자는 의사의 말이나 의사가 처방해 준 약을 신뢰하고 먹습니다.
세상 사람들은 성경은 잘 믿지 않아도 과학과 과학자들의 말은 신뢰합니다.
그러므로 과학을 통해 부모는 자녀에게, 자녀는 부모에게 하나님을 전해야 합니다.
과학이 불신자들에게 하나님을 좀 더 쉽게 전할 수 있도록 돕기 때문입니다.
세미나에서도 이 챕터가 제일 반응이 좋았습니다.
'과학' 하면 어렵다는 선입견을 이 챕터에서만큼은 버려야 합니다.
과학자들이 우리가 복음을 쉽게 전할 수 있도록 자료를 잘 만들어 놓았기 때문입니다.
이 챕터가 젊은이들에게만 맞다고 사용하지 않는다면 사용하지 않는 분들만 결국 손해입니다.

지구는 우연히 생겨난 행성이 아닙니다.
하나의 집을 지으려고 해도 설계도가 있듯이 이 지구도 설계자가 있는데 그분이 바로 하나님이십니다.
지구의 크기나, 자전 속도나, 또한 그 많은 별이 북극성을 중심으로 질서 있게 도는 것을 보면 잘 알 수 있습니다.
이 내용이 이 챕터의 중요 포인트이자 첫 번째 공통분모입니다.

자기장은 해로운 태양풍으로부터 지구를 보호하려고 만드신 하나님의 사랑의 흔적입니다.
그 사랑의 증거가 바로 오로라입니다.
이 내용이 이 챕터의 중요 포인트이자 두 번째 공통분모입니다.

지구 온난화 현상으로 인해 오존층에 구멍이 나고, 이상 기후가 많이 발생하고 있습니다.

그렇다면 지금도 지구가 스스로 알아서 구멍 난 오존층을 막고, 또 이상 기후가 많이 발생하지 않도록
지구가 스스로 알아서 해결해야 합니다. 그러나 지금 이 지구는 그 어떤 것 하나 스스로 해결하지 못하고 있습니다.
이것은 지구가 처음부터 우연히 생겨난 행성이 아니라 처음부터 하나님의 지혜에 의해서 창조되었기 때문입니다.
이 내용이 이 챕터의 중요 포인트이자 마지막 **세 번째** 공통분모입니다.

약간의 과학은 사람을 하나님으로부터 멀어지게 합니다.
그러나 과학을 통하여 하나님을 믿는 과학자들이 늘고 있음을 우리는 늘 기억해야 합니다.
또한 전도자들은 하나님을 보여주면 믿겠다고 하는 자들에게 이 챕터로 자신 있게 전해야 합니다.

※ 참고 자료

첫째, 지구는 지축을 중심으로 한 시간당 1,600km의 속도로 자전하고 있습니다.
만약 지구가 자전 속도를 10분의 1로 줄여서 시간당 160km로 자전한다면 밤과 낮의 길이가 10배나 늘어납니다.
낮 120시간, 밤 120시간, 그렇게 되면 낮의 태양은 모든 식물을 태워 죽일 것이며,
밤의 추위는 모든 생명을 얼어 죽게 할 것입니다.
그러나 지구는 매 시간당 1,600km의 속도를 유지하며 지금도 돌고 있습니다.
24시간 낮과 밤이 적절히 교차하면서 돌고 있습니다.

둘째, 지구와 태양은 너무나도 정확한 거리를 유지하고 있습니다.(태양의 표면은 섭씨 6,000도입니다.)
지구가 태양에 조금만 가까워지면 지구는 다 타버릴 것입니다.
그리고 지구가 태양에서 조금만 멀어지면 지구는 곧 얼음 덩어리가 되고 말 것입니다.

셋째, 지구는 23도 기울어져 있습니다.
지구가 23도쯤 기울어져 있기에 지구에 4계절이 있습니다.

넷째, 정확한 대기권의 두께입니다.
지금보다 지구의 대기가 얇았다면 하루에도 수백만 개의 별똥별들이 대기권을 통과하여 우리가 사는
지구 표면에 떨어져서 지구는 순식간에 불바다가 되고 말았을 것입니다.

다섯째, 모든 동식물의 신체적인 성장이 적절하게 제한되어 있습니다.
지구에는 수천억의 곤충이 있습니다. 그런데 그 곤충들이 지구를 지배하지는 못합니다.
곤충들은 사람들처럼 폐가 없기 때문입니다.
곤충들은 관을 통해서 호흡하는데, 성장하면 몸은 커져도 호흡하는 관은 커지지 않기 때문에
성장하는 데 제한을 받습니다.
만약 곤충들에게 신체적 성장의 제한이 없었다면 사자처럼 큰 벌이 나타나게 될 것입니다.
그렇게 되면 인간은 벌써 벌에 쏘여 다 멸망되고 말았을 것입니다.
이같이 지구는 자기 스스로 또는 우연히 만들어지지 않았습니다.
이 지구는 하나님의 작품입니다.

"집마다 지은 이가 있으니 만물을 지으신 이는 하나님이시라"(히브리서 3:4).
"하늘이 하나님의 영광을 선포하고 궁창이 그의 손으로 하신 일을 나타내는도다"(시편 19:1).

04 열한 챕터 전도지

하나님이 **인간**을 창조하셨습니다!

날씨가 쌀쌀해지면 길거리에서 붕어빵과 군고구마와 군밤을 파시는 분들을 많이 볼 수 있습니다.
이 세 가지 간식 중에 붕어빵은 남녀노소 할 것 없이 좋아하고 부담 없이 먹을 수 있는 **국민** 간식입니다.
붕어 모양의 틀에 반죽과 팥 앙금을 넣어 만드는 붕어빵은 시대를 초월해서 사랑받는 간식이기도 합니다.

그래서 누군가를 닮았다는 말을 할 때에는 **붕어빵** 같다고 말하기도 합니다.
특히 자녀들이 부모를 닮은 걸 보면 참 신기할 정도입니다.
걸음걸이부터 시작해서 어떤 신체 부분이나 식성이나 말투나 특이한 버릇을 닮은 것을 보면 참으로 신기합니다.
그래서 어떤 아이를 보면 대번에 **누구의** 아이인지 금방 알 수 있습니다.

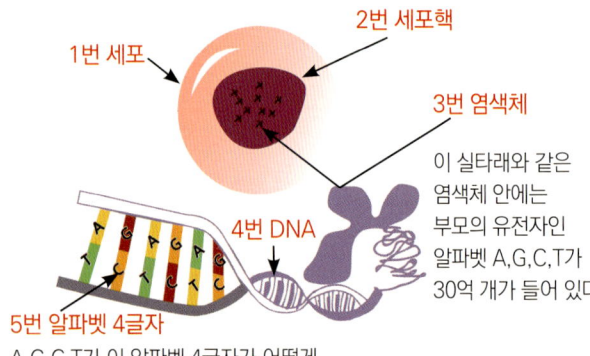

1번 세포
2번 세포핵
3번 염색체
4번 DNA
5번 알파벳 4글자
A,G,C,T가 이 알파벳 4글자가 어떻게 배열하느냐에 따라서...

이 실타래와 같은 염색체 안에는 부모의 유전자인 알파벳 A,G,C,T가 30억 개가 들어 있다.

○○님, 신기할 정도로 자녀는 부모의 어떤 신체 부분이나 식성, 또한 걸음걸이나 말투나 특이한 버릇까지 닮습니다.
그러나 이 많은 것이 **우연히** 닮았을까요?
우연이기엔 너무 많이 닮지 않았습니까?
어떤 사람이 유명한 연예인의 외모를 닮았다 해도 식성이나 말투나 특이한 버릇까지 닮지는 않습니다.
왜냐하면 두 사람이 **서로 다른** 부모에게서 유전자를 물려받았기 때문입니다. 그렇다면 무엇이 자녀를 부모와 붕어빵처럼 닮게 설계를 하는지 궁금하시지 않습니까? 바로 **DNA**입니다.

위의 5번 그림을 잘 보시면 우리 인간의 몸은 **A, G, C, T** 이 네 개의 알파벳으로 만들어졌습니다.
그리고 이 알파벳 4개가 서로 배열하여 부모를 닮게 합니다.
우리 몸을 구성하는 유전자(DNA) 정보를 잘 들여다보면 네 개의 알파벳이 어떻게 **배열**하느냐에 따라
키, 체형, 눈동자, 피부색, 머리카락 굵기 같은 외모가 달라지고 신체 능력이나 선천적으로 취약한 질병 등까지 차이가 납니다.
그리고 이 유전 정보가 우리 몸 세포 안에 들어 있습니다. 위의 그림을 잘 보세요.
1번의 그림은 세포입니다. 2번의 그림은 세포의 핵입니다. 그리고 3번의 그림은 세포핵 안에 있는 염색체입니다.
이 염색체 안에는 부모의 유전인 알파벳 글자 A, G, C, T 가 무려 **30억** 개가 들어 있습니다.(인간의 이성으로 상상이 안 됩니다.)
○○님, 이제 이 세포의 크기가 얼마쯤 되는지 혹시 아십니까? 우리가 글을 쓸 때 문장 끝에 마침표를 찍습니다.
그런데 이 세포 하나의 크기는 **마침표** 1,000분의 1입니다. 우리 육안으로는 도저히 볼 수 없는 크기입니다.
(·) 이 마침표 1,000분의 1 크기의 세포 하나 안에 30억 개의 엄청난 양의 유전 암호인 알파벳 글자가 들어 있습니다.
이 엄청난 양의 유전 암호를 다 받아 적으면 백과사전 천 권이며 이것을 다시 쌓으면 빌딩 10층 높이입니다.
이것은 신이 아니고는 불가능합니다. 그 신이 누구이겠습니까? 바로 **하나님**이십니다.
그리고 우리 몸에는 세포가 약 37조 개가 있습니다.(이중 혈액세포는 70%입니다.)
○○님, 우리 곰곰이 생각해 봅시다. 마침표 1,000분의 1 크기에 30억 개의 엄청난 알파벳 글자를 누가 넣었을까요?
생명체도 아닌데 엄청난 글자가 스스로 생겼을까요? 창세기 1장 27절을 보면 원래부터 **하나님**께서 인간을 창조하셨습니다.
같이 읽으실까요? "하나님이 자기 형상 곧 하나님의 형상대로 사람을 창조하시되 남자와 여자를 창조하시고"라고 했습니다.

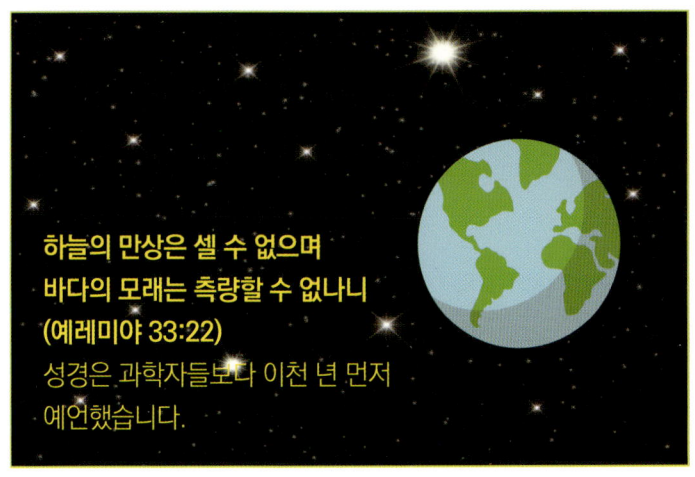

하늘의 만상은 셀 수 없으며
바다의 모래는 측량할 수 없나니
(예레미야 33:22)
성경은 과학자들보다 이천 년 먼저 예언했습니다.

과학자들의 말에 의하면 우주의 별은 바다의 모래알만큼 많습니다. 그리고 그 많은 별과 행성 중 하나인 지구에는 70억 명 이상의 사람들이 살고 있습니다.
그리고 그 사람들 가운데 한 사람이 바로 **나**입니다.
○○님, 그럼 한번 생각해 봅시다.
우주엔 바다의 모래알만큼의 별이 많다고 했습니다.
그리고 그 많은 별 중의 하나가 태양에 속한 행성인 지구라 했습니다.
그러면 지구의 크기는 우주에 비하면 어느 정도 될까요?
하나의 **점도** 안 되겠죠.

또, 한번 생각해 봅시다.
우주와 지구에 비하면 나라는 존재는 어느 만큼 될까요?(계산이 안 되겠죠.)
그런데 하나님은 우리 한 사람 한 사람을 소중하게 지으셨습니다.
한 사람 한 사람 지으셨다는 것은 나와 똑같이 닮은 사람은 **단 한 사람도** 없다는 뜻입니다.
또 이 말은 하나님께서 나라는 한 사람을 **소중하게** 지으셨다는 뜻입니다.

지금까지 창조 이후로 이 땅에 태어난 사람은 600억 명 이상이라고 합니다.
그러나 이 많은 사람 가운데 **지문이** 같을 가능성은 640억 대 1이라고 합니다.
창조 이래 지금까지 닮은 사람이 단 한 사람도 없었으니
앞으로도 닮을 확률은 제로라는 것입니다.
그러므로 ○○님은 세상에서 제일 소중한 사람입니다.

하나님은 왜! 우주에 많은 별보다 ○○님을 소중하게 지으셨을까요?
하나님은 왜! ○○님을 그 많은 사람 가운데 소중한 한 사람으로 지으셨을까요?
그것은 ○○님은 하나님의 **형상을** 닮은 소중한 사람이기 때문입니다.
왜! 하나님께서는 하나밖에 없는 독생자 예수님을 이 땅에 보내 주셨을까요?
왜! 하나님께서는 독생자 예수님을 ○○님의 죄를 대신하여 십자가에서 죽게 하셨을까요?
그것은 ○○님을 **지옥의** 형벌에서 구원해 주시기 위해서입니다.

하지만 이 구원이 ○○님에게 적용되기 위해서는 ○○님이 하실 일이 있습니다.
○○님께서 입으로 시인하고 고백을 해야 합니다(로마서 10:10).
○○님 괜찮으시다면, 영접 부분을 읽어 주시면 감사하겠습니다.
예수님, 나의 죄를 위해 십자가에서 죽으심을 내가 믿사오니 나를 구원해 주세요.
예수님의 이름으로 기도합니다. 아멘.

몽고메리

하나님의 독생자 예수님을 우주보다 소중한 ○○님의 죄를 대신하여 죽게 하신
하나님께서는 또한 ○○님 인생의 **주인도** 되십니다.
몽고메리라는 사람은 다음과 같이 말했습니다.
"우리가 역사적 기록들에 나와 있는 예수님을 좋아하든 좋아하지 않든 중요한 한 가지는
우리는 우리 개인의 운명이 예수님의 손에 쥐어져 있다는 사실을 인정해야 한다."
그렇습니다. 나의 성, 나의 부모, 나의 국적, 그리고 나의 죽는 시간과 나의 삶의 길이는
나와 아무런 의논 없이 하나님의 **비밀로** 되어 있습니다.
이 모든 것을 하나님이 나와 의논 없이 **자유로** 정하셨습니다.

이것은 내 인생의 주인은 내가 아니고 하나님이시기 때문입니다. 끝으로 성경 말씀을 읽고 마치겠습니다.
"사람이 마음으로 자기의 길을 계획할지라도 그의 걸음을 인도하시는 이는 여호와시니라"(잠언 16:9).

하나님이 인간을 창조하셨습니다! (창세기 2:7)

천문학자 케플러는 신실한 신앙인이었습니다.
그런데 그와 함께 천문학을 연구하는 한 친구는 하나님의 존재를 부인하였습니다.
그 불신자 친구는 늘 "태양계란 그 자체의 힘으로 생성된 것이며 누가 만든 것이 아니다"라고 주장했습니다.
케플러는 그 친구에게 우주 만물이 하나님의 창조물임을 알게 해 주고자 고심했습니다.
그러던 어느 날 태양계의 모형을 실제 크기의 축소비율로 만들어 아름다운 색을 칠하고 행성들이 빛을
발하며 빙글빙글 돌아가도록 하여 그 친구에게 보여주었습니다.
그것을 본 친구는 매우 감탄했습니다.
"누가 이렇게 아름답게 만들었나?"
"아무도 만들지 않았네. 자기 힘으로 생겨나서 자기 힘으로 도는 것일세."
"어떻게 만든 사람이 없이 저절로 만들어지고 돈단 말인가? 그런 일은 절대 있을 수 없잖나?"
"이 친구야! 이렇게 작고 보잘것없는 장난감도 만들어 움직이는 사람이 있다면 이 거대한 우주 만물이
창조주가 없이 어떻게 생겨나고 어떻게 한 치의 오차도 없이 질서 있게 돌아갈 수가 있겠는가?"라며
친구에게 지혜롭게 하나님을 증거하였습니다.

창조론과 진화론이 논쟁하면 답이 없습니다.
그래서 가족이나 가까운 지인들에게 진화론을 힘들게 설명할 필요가 없습니다.
이 챕터는 하나님이 인간을 창조하셨다는 것을 과학적으로 전하는 것이 목적입니다.

인체의 생성 과정에 대해서 과학자나 이 분야에 관심을 가진 사람이 아닌 이상 일반 사람들은 자세히 잘 모릅니다.
그리고 너무나 어렵고 복잡해서 이해가 잘 안 됩니다.
복음을 전하기도 전에 지인이라서 듣기는 하지만 이미 어렵다 결론을 내리고 듣는 척만 할 것입니다.
그래서 누구나 들어도 알 수 있게 또한 누구나 들어도 흥미롭게 들리도록 글을 최대한 쉽게 썼습니다.

어떤 사람이 유명한 연예인의 외모를 닮을 수 있습니다. 그러나 식성이나 말투나 특이한 버릇까지는
닮지 않습니다. 왜냐하면 두 사람이 서로 다른 부모에게서 유전자를 물려받았기 때문입니다.
이 내용이 이 챕터의 중요한 포인트이자 **첫 번째** 공통분모입니다.

사람들이 자녀가 부모를 똑 닮았다는 말을 할 때 붕어빵이라고 말을 합니다.
그러면 무엇이 자녀를 부모와 같이 닮도록 설계하고 목수의 역할을 하는가 할 때, 그 역할을 하는 것이 DNA입니다.
이 내용이 이 챕터의 중요 포인트이자 **두 번째** 공통분모입니다.

마침표 1/1,000 크기의 세포 안에 들어 있는 엄청난 유전 암호나,
인간의 유전 암호인 알파벳 배열문자 A, G, C, T를 과연 누가 넣었는가? 생명체도 아닌데 스스로 생겼을까?
신이 아니고는 절대로 불가능하다는 것이 이 챕터의 중요 포인트이자 **세 번째** 공통분모입니다.

우주에는 별이 바다의 모래알만큼 많고 그 많은 별 중의 하나가 태양과 그에 딸린 지구입니다.
그렇다면 우주와 지구에 비교할 때 나라는 존재는 과연 얼마만큼이나 될까요? 계산이 안 되겠죠.
그러나 이렇게 작은 인간을 하나님은 한 사람 한 사람 창조하셨기에 누구나 다 소중하고,
또 한 사람 한 사람을 소중하게 창조하신 그 하나님은 우리 인생의 주인도 되신다는 것이
이 챕터의 중요 포인트이자 마지막 **네 번째** 공통분모입니다.

05 인간은 내세를 사모합니다!

열한 챕터 전도지

"또 사람에게는 영원을 사모하는 마음을 주셨느니라"(전도서 3:11).

누가 강아지에게 "너 내세에 대해 아니?" 하고 물으면 뭐라 대답할까요? 내세라는 말 **그 자체도** 알아듣지 못할 것입니다.

그렇습니다. 동물은 **영혼이** 없으므로 영혼 자체에 관심도 없습니다. 그러나 인간은 동물과 달리 영혼이 있어서 내세를 사모합니다. 고대 이집트 사람들은 죽은 사람이 사후세계에서 살아가려면 몸이 필요하다고 믿었습니다. 그래서 몸이 썩지 않도록 미라를 만들었습니다.

인간의 흉내를 제일 잘 내는 동물은 **원숭이** 입니다. 이렇게 담배도 피우고 카드도 치고 인간의 흉내를 잘 냅니다. 일본의 원숭이는 이빨로 자기가 낳은 새끼의 손톱도 깎아주고 빗물로 목욕도 시켜준다고 합니다.

그러나, 아무리 인간의 흉내를 잘 내도 이렇게 **신을** 섬기진 않습니다.

그러나 인간은 아무리 **오지에** 살아도 이렇게 신을 섬깁니다. 그것은 인간에게는 동물과 달리 영혼이 있어서 영혼을 만드신 **하나님을** 본능적으로 찾기 때문입니다.

그렇다면 ○○님, 그렇게 중요한 영혼이 있는 것을 우리는 어떻게 알 수 있을까요? 이 그림을 보시면 잘 알 수 있습니다. 건물 안에 누가 살고 있습니까? **사람이** 살고 있지요.

마찬가지로 육체라는 건물에 "**나**"라는 영혼이 살고 있습니다. 이 그림에서 하트(마음)는 영혼으로 비유할 수 있습니다. ○○님, 질문 하나 드려도 되겠습니까? 건물인 집이 더 중요합니까? 아니면 그 건물 안에 사는 사람이 더 중요합니까? 두말할 필요 없이 **사람이** 더 중요하겠지요.

비유 하나 들겠습니다. 아무리 좋은 집이라도 이 사람처럼 이사하면 끝입니다.

마찬가지로 육체에서 **영혼이** 이사하면 육체는 아무 소용이 없습니다. (육체 빠이~)

짐승은 육체와 혼만 있어서 죽으면 끝이지만,
인간은 육체뿐만 아니라, 육체 안에 **나**라는 영혼이 살고 있어서 죽음이 끝이 아닙니다.
그래서 많은 종교와 많은 인간은 죽음 이후에
영혼이 살 내세에 그토록 관심을 갖게 되는 것입니다.
인간은 **죽음이** 끝이 아니기 때문에 최고 명문대인
서울대를 나와도 이 사람처럼 만족하지 못하여 머리를 깎고
산으로 들어가 인간의 최대 관심사인 내세에 대하여 연구하고
사모하는 것입니다.
○○님, 최고의 명문대인 서울대를 나와도 왜 산으로
들어가겠습니까? 그것은 아직도 인생의 궁극적인
영생의 길을 찾지 못했기 때문입니다.

그렇습니다. 많은 종교와 많은 사람들은 지금도 인생의
궁극적인 영생의 길을 찾아 헤매고 있습니다.
만약 이 영생의 길을 누군가가 **찾았다면**, 굳이 머리를 깎고
산으로 들어갈 필요가 없었을 것입니다.
지금껏 **찾지 못했기** 때문에 최고의 지성이라고 불리는 사람들
조차도 영생의 길을 찾아 헤매는 것입니다.
○○님, 많은 종교와 많은 인간이 그토록 찾아 헤매는 영생의
길을 찾고 싶지 않습니까?
제가 이 영생의 길을 가르쳐 드릴까요?

간단하게 말씀드리겠습니다. 많은 종교와 많은 인간이 그토록
영생의 길을 찾고 찾아 헤매지만, 예수님은 이 영생의 길을
찾아 헤맬 필요 없이 예수님 자신이 영생의 길 **그 자체라고**
말씀하셨습니다. 아래 성경을 같이 읽도록 하겠습니다.

"내가 곧 길이요 진리요 생명이니 나로 말미암지 않고는 아버지께로
올 자가 없느니라"(요한복음 14:6).

우리 인간은 어쩌다 **우연히** 태어나서 평생을 땀 흘리고,
눈물 흘리고, 괴로워하다가 끝나는 인생이 아닙니다.
인간의 **근원에** 대하여 모르는 인간처럼 불쌍한 존재는 없습니다.
○○님, 예수님을 **믿으시면** 비로소 내가 누구이며
내가 얼마나 귀한 존재인지 또한 내가 왜 이 땅에 살고 있는지
그리고 인생의 목적과 가치를 분명하게 알게 됩니다.

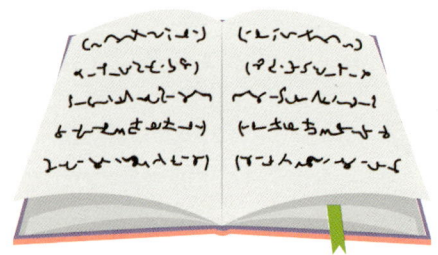

○○님, 영혼을 가진 인간은
100년 미만의 삶을 살다가 끝나는
인생이 아닙니다.
부활이 있고, 영생이 있습니다.
이 세상은 잠시 거쳐 가는 곳입니다.
예수님은 인생의 길뿐만 아니라
구원자도 되십니다.

하나님의 아들이신
예수님은 ○○님을
죄와 죽음과 영원한
지옥에서 구원해
주시기 위해 인간의
몸이 되셔서 이 땅에
태어나셨습니다.

하지만 이 구원이 ○○님에게
적용되기 위해서는 ○○님이
하실 일이 있습니다.
입으로 시인하고 고백을 해야 합니다.
○○님 괜찮으시다면, 영접 부분을
읽어 주시면 감사하겠습니다.

그리고 ○○님의
죄를 깨끗하게
해주시기
위해서 십자가에
달려 죽으셨습니다.

예수님, 나의 죄를 위해
십자가에 죽으심을
내가 믿사오니
나를 구원해 주세요.
예수님의 이름으로
기도합니다. 아멘.

인간은 내세를 사모합니다! (전도서 3:11; 요한복음 14:6)

병아리와 오리 새끼를 부화시켜 밖에 내놓으면 오리는 바로 물속으로 뛰어들어 헤엄을 칩니다.
그것은 오리에게는 헤엄치는 본능이 있기 때문입니다.
그러나 반대로 병아리는 물을 쳐다보지도 않습니다.
왜냐하면 본능이 다르기 때문입니다.
인간도 오리처럼 본능이 있습니다.
즉 인간에게는 영원을 사모하는 마음이 있습니다.
전도서 3장 11절에 하나님은 "사람들에게는 영원을 사모하는 마음을 주셨느니라"고 했습니다.
동물 중에 인간의 흉내를 제일 잘 내는 동물은 원숭이입니다.
그러나 원숭이가 아무리 인간의 흉내를 잘 내도 신을 섬기지는 않습니다.
그러나 인간은 아무리 오지에 살아도 신을 섬깁니다.
그것은 하나님께서 인간에게만 신을 섬기는 종교심을 주었기 때문입니다.
동물은 사람과 달리 육체와 의식(혼)만 있기 때문에 먹고 마시는 것만으로도 만족합니다.

그러나 인간은 동물과 달리 영혼이 있어서 먹고 마시는 것만으로는 만족하지 못합니다.
그렇다면 인간은 왜 최고의 명문대인 서울대와 하버드대를 나오고도 만족하지 못하고 산으로 들어갈까요?
그것은 인간은 먹고 마시는 것보다 죽은 후 영혼이 살 내세가 더 중요하기 때문입니다.
이 내용이 이 챕터의 중요 포인트이자 **첫 번째** 공통분모입니다.

많은 학부모들은 자신의 자녀를 최고의 명문대에 진학시키기 위해서 휴일도 여가도 없이 바쁘게 살아갑니다.
이러한 학부모들에게 자신의 자녀를 최고의 명문대에 진학시키는 것도 중요하지만 자신의 내면에 있는
영혼의 운명이 더 소중함을 일깨워 주는 것이 이 챕터의 중요 포인트이자 **두 번째** 공통분모입니다.

모든 종교와 모든 인간은 인생의 궁극적인 길을 찾아 헤매고 있습니다.
즉 인간은 어디서 와서, 어디로 가는지에 대해 지금도 찾아 헤매고 있습니다.
그러나 아직도 찾지 못했기 때문에 머리를 깎고 산으로 들어갑니다.
이 내용이 이 챕터의 중요 포인트이자 마지막 **세 번째** 공통분모입니다.

그렇습니다. 많은 종교와 많은 인간은 아직도 인생의 궁극적인 길을 찾지 못하고 ing 현재 진행형입니다.
그러나 예수님은 인간이 그토록 찾고 찾아 헤매는 길 그 자체이십니다.
이 내용이 이 챕터에서 전하고자 하는 복음이며 결론입니다.

지금 이 순간에도 인생의 궁극적인 길을 찾아 헤매는 자들이 많습니다.
그리고 오로지 자녀를 최고의 명문대에 보내겠다는 학부모님들이 많습니다.
전도자들은 이러한 영혼들을 만나서 복음을 전해야 합니다.

"예수께서 이르시되 내가 곧 길이요 진리요 생명이니 나로 말미암지 않고는 아버지께로 올 자가 없느니라"
(요한복음 14:6).

06 열한 챕터 전도지
많은 사람들은 돈을 **행복**의 기준으로 삼고 살아갑니다!

이 세상 많은 사람들은 돈을 **행복**의 기준으로 생각하고 앞뒤 안 가리고 돈만 쫓아가고 있습니다. 그러나 성경은 이처럼 돈은 날개가 있어서 날아간다고 말씀하고 있습니다.
잠언 23장 5절 말씀입니다.

"네가 어찌 허무한 것에 주목하겠느냐 정녕히 재물은 스스로 날개를 내어 하늘을 나는 독수리처럼 날아가리라."

○○님, 가난한 나라보다 잘 사는 **선진국이** 왜 자살률이 더 높을까요?
그 이유가 무엇일까요?
돈이 있으면 당연히 행복해야 하는데 말입니다.
그 이유는 간단합니다.
돈이 **행복의** 기준이 아니기 때문입니다.

우리 주변을 보면 평생을 제대로 먹지도 못하고 입지도 못하고 죽어라 일만 하시는 분들이 많습니다.

제가 알고 있는 어떤 분은 건물이 두 채나 있는데도 다리를 절룩절룩 하시면서 밤낮을 가리지 않고 폐지를 모으시는 어르신이 있습니다.

또, 우리 주변을 보면 남들 다 하는 **여행** 한 번 못하고 죽어라 돈만 모으는 사람도 많습니다.

이렇게 십 원 하나 벌벌 떨면서 평생 돈을 쌓아 두지만, 죽은 다음에는 **십 원** 하나 가져갈 수 없습니다. 이보다 어리석은 바보가 어디 있겠습니까?
이런 사람들에게 **바보** 점수를 매긴다면 얼마쯤 매기면 될까요?
99.9가 아니라 100점을 매겨야 하겠죠. ○○님, 왜 100점을 매겨야 할까요?
첫째, 어차피 **남의** 것이 되니까.
둘째, 한 번 있는 인생 제대로 **한번** 써 보지도 못하고 죽으니까.
셋째, 10원짜리 하나 **저**세상으로 가져갈 수 없으니 바보 중에 상바보죠.

○○님, 죽음 **직전에** 많은 사람의 제일 큰 관심이 무엇인지 아십니까? 많은 사람은 그렇게도 내세에 관심이 없다가도 죽음을 앞두고는 **내세에** 제일 관심을 가지게 된다고 합니다.

우리가 생각하는 것과는 다르게 **죽음을 앞둔** 사람들의 제일 큰 관심사는?
돈, 명예, 성공이 아니라

인간이란 무엇인가? 인간은 어디서 왔다가 어디로 가는가?
신은 존재하는가? 죽음 이후에 내세는 있는가? 등등에 관심이 많다고 합니다.

사람들은 죽기 전까지 **돈에** 홀려서 죽으라고 돈만 모읍니다.

또, 돈의 노예가 되어서 제대로 먹지도 못하고,
제대로 입지도 못하고, 제대로 여행 한번 못하고,
죽으라고 **돈만** 모읍니다.

그러나 이렇게 돈만 모으다 **죽음을** 앞두고 인생에
대한 질문을 던지고, 신에 대한 질문을 던지고,
내세에 대한 질문을 던진다면 때는 이미 늦습니다.
그때는 아무리 후회한들 소용이 없습니다.
그때는 아무리 후회한들 시간을 되돌릴 수 없습니다.
어차피 돈은 돌고 도는 것입니다. 또한 우리 인생은
빈손으로 왔다가 **빈손으로** 가는 인생입니다.

그래서 **전도서 12장 1절**에서 이렇게 말했습니다.
"너는 청년의 때에 너의 창조주를 기억하라 곧 곤고한 날이
이르기 전에, 나는 아무 낙이 없다고 할 해들이 가깝기 전에"
창조주를 기억하라고 말씀하셨습니다.
방금 읽은 말씀 중에 창조주는 누구를 가리킵니까?
하나님을 가리키고 있습니다.
창조주 하나님을 믿어야 인생의 질문이 해결됩니다.
창조주 하나님을 믿어야 신의 존재에 대한 질문이 해결됩니다.
창조주 하나님을 믿어야 내세의 질문이 해결됩니다.
또한 곤고한 날이란 무슨 말을 의미하는지 아십니까?
그것은 죽음이 **임박한** 날을 의미합니다.
즉 죽음 직전까지 돈에 홀려서 돈의 노예가 되어서 죽어라
일만 하지 말고, 죽어라 돈만 모으지 말고, 자신을 창조하신
하나님을 기억하고 지혜롭게 살라는 뜻입니다.

죽어라 돈만 모으다 보면 죽음에 대해서는 **무방비** 상태에 빠질 수밖에 없습니다. 그러다 보면 자신도 모르는 사이에 갑자기 **죽음의** 낭떠러지로 떨어집니다.

모든 사람에겐
때가 있습니다.
구원의 기회가
있을 때
예수님을
믿어야 합니다.

죽은 다음엔
두 번 다시
기회가
없습니다.

하나님의 아들이신
예수님이 ○○님을
구원해 주시기
위해 인간의
몸이 되셔서
이 땅에 태어
나셨습니다.
그리고 ○○님의
죄를 위해
십자가에 달려
죽으셨습니다.

하지만 이 구원이 ○○님에게
적용되기 위해서는
○○님이 고백해야 합니다.
○○님, 이 영접
부분을 읽어 주시겠습니까?
예수님, 나의 죄를 위해
십자가에 죽으심을
내가 믿사오니 나를
구원해 주세요.
예수님의 이름으로
기도합니다. 아멘.

사람들은 돈을 행복의 기준으로 삼고 살아갑니다!

(잠언 23:5)

이 챕터는 "돈을 파랑새로 행복의 기준으로 삼고" 살아가는 사람들을 위해 만들었습니다.
사람마다 돈을 대하는 태도가 서로 다릅니다.

첫째로 돈을 행복의 기준으로 삼고 살아가는 사람들이 있습니다.
이 첫 번째 유형의 사람은 돈을 원 없이 벌고, 원 없이 쓰고 싶어 하는 사람들을 말합니다.
이런 사람들에게 "돈은 행복의 기준이 아닙니다"라고 복음을 전하면 역효과가 납니다.
오히려 "선생님은 행복한 고민을 하고 계십니다"라며 핀잔을 받습니다.

둘째로 돈을 목적으로 삼고 살아가는 사람들이 있습니다.
돈은 우리 인생의 목적이 아닙니다. 돈은 우리가 인생을 사는 데 필요한 수단에 불과합니다.
그런데 돈이 목적이 되면 돈의 노예가 되고 돈에 지배를 받게 됩니다.
그러므로 이 챕터에서 복음의 대상은 돈을 목적으로 삼고 살아가는 사람들입니다.

우리 주변을 보면 돈을 목적으로 삼고 살아가는 분들이 많습니다.
즉 돈의 노예가 되어 오르지 돈을 모으는 데만 정신이 나간 사람들을 말합니다.
제 주변을 보면 얼마나 돈의 노예로 살아가는지 1년에 단 이틀만 쉬고 일하시는 중국집 부부가 있습니다.
그리고 이 챕터에 나오는 주인공이기도 합니다.
이분은 마을 노인정의 총무님이십니다. 이분은 집과 건물을 가지고 있습니다.
그러나 다리를 절룩절룩하시면서 폐지를 줍습니다.
한여름 영상 38도, 40도가 되어도 요금이 아깝다고 선풍기도 잘 틀지 않습니다.
우리 주변에는 이런 분들이 참 많습니다.
제대로 먹지도 못하고, 제대로 입지도 못하고, 평생 여행다운 여행 한번 못하고,
죽으라 일만 하고, 죽으라 돈만 모으는 사람들이 많습니다.

아이러니한 사실 하나가 있습니다.
그것은 못 사는 나라보다 잘 사는 선진국일수록 자살률이 더 높다는 것입니다.
돈이 많으면 많을수록 더 행복해야 하는데 왜 자살률이 더 높을까요?
그것은 돈이 행복의 기준이 아니기 때문입니다. 이 내용이 이 챕터의 중요 포인트이자 첫 번째 공통분모입니다.

우리 주변을 보면 돈을 모을 줄만 알고 쓸 줄을 모르는 사람들이 많습니다.
제대로 먹지도 못하고, 제대로 입지도 못하고, 제대로 여행 한번 못하고 오르지 돈만 모으는 사람들이 많습니다.
그러다 어느 날 갑자기 죽음의 낭떠러지로 떨어지고 맙니다.
그러므로 이렇게 어리석게 살지 않도록 전하는 것이 이 챕터의 중요 포인트이자 두 번째 공통분모입니다.

죽음을 앞둔 사람들은 돈, 명예, 성공보다 인생에 대해, 신에 대해, 내세에 대해 더 관심이 많다고 합니다.
그러므로 인생의 종말이 오기 전에 후회하지 않는 삶을 살도록 복음을 전하는 것이 이 챕터의 중요 포인트이자
마지막 세 번째 공통분모입니다.

지금 순간에도 돈이 목적이 되어 돈의 노예로 살아가는 사람들이 많습니다.
그리고 일과 명예와 성공만을 위해 달려가는 사람들이 많습니다.
이런 사람들에게 복음을 전해야 합니다.

07 죽으면 끝인데 **제사**는 왜 드릴까요?

열한 챕터 전도지

21세기 눈부신 과학의 발달에도 사람들은 **사후** 세계를 믿습니다. 그 증거 중 하나가 바로 제사입니다. 제사를 지낼 때만큼은 21세기에 무슨 미신이니 뭐니 그 어떤 말도 하지 않습니다. 그리고 제사만큼은 많이 배운 **지식인들이** 조상님께 더 예의를 갖춥니다.

우리나라는 정말 제사를 지내는 사람들이 많습니다. 유교나 불교가 들어오면서 제사를 지내게 되었습니다. 처음에는 종교적인 행위였지만 지금은 종교와는 크게 상관없이 우리나라의 고유 **풍습이** 되어버렸습니다. 그래서 사람들은 부모님이 돌아가시면 각종 음식들을 차려 놓고 절을 하고 제사를 지냅니다.

이때 특히 부모님이 생전에 좋아하던 음식을 차려 놓고 부모님의 혼이 와서 음식을 드시도록 합니다.
즉 조상님의 **귀신을** 불러들이는 이치와 같습니다.
이미 돌아가신 부모님이지만 부모님의 영이 있는 것이라고 믿는 것과 같습니다. 이러한 제사의 행위는 어떻게 보면 죽음이 끝이 아님을 스스로 인정하는 것과 같습니다. 즉 **사후** 세계를 간접적으로 인정하는 것과 같습니다.

이렇게 전도인이 전도하면 "죽으면 끝이지 21세기에 무슨 내세가 있습니까?" 합니다. 그렇다면 ○○님, 우리 잠시 생각해 봅시다. 죽으면 끝인데 **제사는** 왜 드리는 것입니까? 간단하게 생각해도 앞뒤가 맞지 않습니다. 그런데 많은 사람들은 앞뒤가 맞지 않아도 살아생전에 자녀들에게 제사의 본을 보여주면서 자신이 **죽으면** 자녀들이 자신을 위해 제사를 지내줬으면 합니다.

그리고 자녀에게 제사는 조상에 **효를** 다하는 것이라 교육하기도 합니다. 자녀들이 제사를 안 드리면 조상님도 알아보지 못한다고 하면서 욕을 하기도 합니다. 특히 예수 믿는 사람들은 이 제사 때문에 믿지 않는 부모님께 욕을 많이 먹습니다. 조상도 몰라보는 자식이라고 말입니다. 제사만큼은 **빈부귀천** 할 것 없이 조상님께 최대한 예를 갖추어 드립니다. 제사는 조상님께 효를 다하는 것도 맞지만 죽음 이후에 후손들에게 제사상 받기 위한 행위이기도 합니다. ○○님, 제 말이 맞지요. 옛날 부모님들은 자식이 부모에게 자식 된 도리를 못 하면 "내가 죽어서 제삿밥이나 얻어먹을 수 있겠냐" 하며 자식을 못 미더워합니다.

이러한 사실을 비추어 볼 때에 사람들은 내세는 믿지 않지만 제사를 통하여 스스로 **내세를** 인정하고 있음을 잘 알 수 있습니다.
그러면 내세가 있는 것을 어떻게 알 수 있을까요? 간단하게 세 가지만 예를 들겠습니다.
그 첫째로, 인간은 내세를 **사모하는** 것을 보아 알 수 있습니다(전도서 3:11).

어린아이는 엄마 품을 찾고, 고향을 떠난 사람은 고향을 그리워하는 것처럼, 사람은 본능적으로 **신**을 찾게 되어 있습니다. 이것을 신학적으로 종교적 본능이라고 말합니다. 그래서 교회는 안 다녀도 ○○님처럼 제사를 통해 본능적으로 신을 찾는 것입니다.
또 둘째로, 무속인인 무당을 보면 잘 알 수 있습니다.
어느 날 멀쩡한 사람에게 신이 내리면 **무당이** 됩니다.
그러면 이렇게 점도 치고, 시퍼런 작두 위에서 춤을 추며 굿도 합니다.

그러면 어떻게 시퍼런 작두 위에서 춤을 추는데도 발이 멀쩡할까요? 무당 안에 귀신이 들어가면 가능합니다.
이렇게 무속인을 통해 우리는 영의 세계와 영적 존재가 있음을 알 수 있습니다.

셋째로, 죽었다 살아난 사람들의 **임사 체험**을 통하여 알 수 있습니다.
임사 체험이란! 죽음 너머의 세계에 대한 체험을 말합니다.
임사 체험을 한 사람들의 이야기를 들어보면 다음과 같은 공통적인 말을 합니다.
나는 빛을 따라갔다 왔다.
나는 천사를 보았다.
나는 어두움을 보았다.
나는 까만 옷을 입은 저승사자를 보았다.

죽음의 문턱까지 갔다가 살아 돌아온 사람들이 정말 존재할까요?
미국 일간지 〈허핑턴 포스트〉에 따르면 미국에는 죽기 직전까지 가봤다고 주장하는 사람이 무려 **800만** 명이 된다고 했습니다.

천국과 지옥에 관해 이야기하면 많은 사람이 "과학 문명이 이렇게 발달했는데 그런 말을 어떻게 믿을 수 있느냐?"
"당신이 천국이나 지옥에 가 보았느냐?" 혹은 "죽어봐야 알지"라고 말합니다.
그러나 사후 세계는 미리 알아야 합니다. 죽은 **뒤에야** 안다면 때는 이미 늦습니다.
이후에는 그 누구에게도 "다시 한번"이라는 기회가 없고, 자신이 살아온 삶의 결과를 책임질 일만 남을 뿐입니다.

그렇습니다.
○○님, 이 세상은 결코 끝이 아닙니다.
이 세상은 내세를 가기 위한 **장소**일 뿐입니다.
이 세상에서 사람들이 어떻게 사느냐에 따라
영원한 천국이냐 영원한 지옥이냐의 **운명**이 결정됩니다.

우리, 성경을 같이 읽도록 하겠습니다.
한번 죽는 것은 사람에게 정해진 것이요
그 후에는 심판이 있으리니
(히 9:27)

하나님의 아들이신 예수님은 ○○님을 죄와 죽음과 영원한 지옥의 고통에서 구원해 주시려고 인간의 몸이 되셔서 이 땅에 태어나셨습니다.

그리고 ○○님의 죄를 깨끗하게 해주시기 위해서 십자가에 달려 죽으셨습니다.

하지만 이 구원이 ○○님에게 적용되기 위해서는 ○○님이 하실 일이 있습니다.
로마서 10장 10절을 보시면 ○○님께서 구원받기 위해선 입으로 고백하고 시인을 해야 한다고 했습니다.
○○님, 괜찮으시다면, 영접 부분을 읽어 주시면 감사하겠습니다.

예수님, 나의 죄를 위해
십자가에 죽으심을
내가 믿사오니 나를 구원해 주세요.
예수님의 이름으로 기도합니다. 아멘.

죽으면 끝인데 제사는 왜 드릴까요? (고린도전서 10:20)

21세기 눈부신 과학의 발달에도 많은 사람들은 사후 세계를 믿습니다. 그 좋은 예가 제사입니다.
우리나라는 제사를 지내는 사람들이 많습니다.
제사는 종교와는 크게 상관없이 우리 민족의 고유 풍습이 되어버렸습니다.
그래서 불신자들에게 전도하는 데 아주 좋은 접촉점이 될 수 있습니다.
이 좋은 전도의 무기로 오랫동안 가지고 있는 제사의 견고한 진들을 무너뜨려야 합니다.
오랫동안 사탄에 묶여 있던 영혼들에게 제사의 챕터로 복음을 전해서 자유케 해 주어야 합니다.

이 제사 챕터는 제사를 지내면서도 사후 세계를 믿지 않는 사람들을 위해 썼습니다.
이 제사는 연세가 많으신 부모님 같은 분들이 가장 귀 기울이고 관심을 가지는 챕터입니다.
세미나를 할 때 많은 분들이 이 제사 챕터에 제일 관심을 가지셨고 이 제사 전도지가 언제 나오느냐고 물어보곤 했습니다. 그만큼 전하는 자나 듣는 자간에 좋은 공통분모이기 때문입니다.

어느 민족이든 그 민족 특유의 민족주의와 그 민족만이 가지고 있는 토착문화가 있습니다.
그래서 그 토착문화를 무시하기보다 그 민족의 토착문화에 복음의 옷을 입혀서 복음을 전해야 하는데 제사가 바로 그것입니다.

제사를 지낼 때만큼은 21세기에 무슨 천국이니 지옥이니 그 어떤 말도 하지 않습니다.
그리고 제사만큼은 하이칼라들이 더 조상님께 예를 갖추고 더 정성을 들여 제사를 지냅니다.
또한 사후 세계는 부정하지만 제사만큼은 빈부귀천이 없이 조상님께 최대한 예의를 갖추어 드립니다.
그러나 이렇게 돌아가신 조상님을 잘 섬기면서도 아이러니하게도 사후 세계는 잘 믿지 않습니다.
이 내용이 이 챕터의 중요한 포인트이자 **첫 번째** 공통분모입니다.

많은 사람들은 내세는 믿지 않지만 제사를 통하여 스스로 내세를 인정하고 있습니다.
그렇다면 내세가 있음을 어떻게 알 수 있을까요?
무속인 무당을 통해서 그리고 임사체험을 한 사람들을 통해서 알 수 있습니다.
이 내용이 이 챕터의 중요한 포인트이자 **두 번째** 공통분모입니다.

생활의 가치관과 서양식 생활방식이 점점 보편화되면서 제사의 형식도 현대식으로 변화되고 있습니다.
예전엔 조상님께 정성껏 음식을 준비하여 제사상에 올렸는데,
요즘은 시장에서 이미 만들어 놓은 제사 음식을 사다가 제사상에 올리는 사람들이 늘고 있습니다.
그러나 아무리 생활의 가치관과 서양식 생활방식이 보편화된다 할지라도 제사는 멈춰지지 않을 것입니다.

그것은 **고린도전서 10장 20절**의 말씀처럼
제사는 귀신이 사람들에게 경배를 받으려 하고 있기에, 결코 제사는 멈춰지지 않을 것입니다.
그러므로 전도인들도 이에 맞서서 영적 전투를 한다는 각오로 많은 영혼에게 복음을 계속해서 전해야 한다는 것이 이 챕터의 중요한 포인트이자 마지막 **세 번째** 공통분모입니다.

08 열한 챕터 전도지
로댕의 생각하는 사람을 아십니까? (지옥)

학교 다닐 때 미술 시간에 천재 조각가 로댕에 대해 한 번쯤은 들어보고 배워봤을 것입니다. 로댕은 프랑스가 낳은 천재 조각가입니다.
로댕 하면 제일 먼저 떠오르는 작품은 "생각하는 사람"입니다.
하지만 사람들은 로댕이 왜 이 **생각하는** 사람 작품을 만들었는지를 잘 모르고 있습니다.
○○님, 그렇다면 로댕이 왜 이 생각하는 사람 작품을 만들었는지 혹시 아십니까? 제가 간단하게 설명해 드리겠습니다.
원래 로댕이 이 작품을 만들게 된 동기는 단테의 《신곡》에 나오는 지옥문을 떠올리며 만들었다고 합니다.

단테는 《신곡》 지옥 편에서 이렇게 외쳤습니다. "지옥에 들어오는 모든 자는 희망을 버려라!" 그래서 로댕은 이런 단테의 신곡을 옆에 두고 읽으면서 작업을 했다고 합니다. 그렇다면 우리는 로댕이 왜! 고뇌에 찬 작품을 만들었을까? 질문하게 됩니다. 로댕은 "생각하는 사람"을 통하여 자신의 **영혼을** 바라보았습니다.
○○님, 로댕의 작품을 잘 살펴보세요. 생각하는 사람의 턱을 괸 **손끝이** 어디를 향하고 있는지 잘 보세요.
자기 자신을 향하고 있습니다. 그리고 또 눈의 **시선은** 어디를 향하고 있습니까?
자신의 발 아래서 최후의 심판 날에 지옥으로 떨어진 인간들의 **아비규환을** 바라보고 있습니다.
무섭게 입을 벌린 악마와 갈비뼈가 드러나고 해골의 모습을 한 인간과 지옥에 빠지지 않으려고 발버둥치는 인간들의 모습을 바라보고 있습니다. 이러한 지옥의 참상을 바라보면서 로댕 자신은 어떻게 하면 지옥에 있는 사람들과는 **다른 길을** 갈 수 있을까? 즉, 지옥으로 **떨어지지** 않을까를 깊이 생각하고 있습니다.
로댕의 이런 깊은 뜻도 모르고 사람들은 하나의 예술이다, 하나의 작품이라고 말들을 하고 있습니다.

우리나라 사람들은 숫자 중에서 4자를 제일 싫어합니다.
그래서 4자 대신 F로 바꿔 사용하고 있습니다.
그리고 현대인들이 가장 거부감을 갖는 단어도 **지옥**입니다.
그러나 성경은 이 지옥에 대해서 수없이 **경고하고** 있습니다.
예수님은 마가복음 9장 49절에서 지옥은 "사람마다 불로써 소금 치듯 함을 받으리라"고 하셨습니다.

뜨거운 연탄불에 왕소금을 뿌리면 소금이 탁탁 소리를 내면서 튀는 것을 상상하면 이해가 쉽습니다.
지옥 불이 얼마나 **뜨거우면** 사람이 튈 정도이겠습니까?
그래서 예수님은 마가복음 9장 43절에서 "만일 네 손이 너를 범죄하게 하거든 찍어버리라 장애인으로 영생에 들어가는 것이 두 손을 가지고 지옥 곧 꺼지지 않는 불에 들어가는 것보다 나으니라" 말씀하셨습니다.
그래서 백만 명을 전도한 **무디는** "지옥이 없으면 성경책을 다 태워 버리고, 교회를 다 사교장으로 만들어야 하고, 많은 돈을 들여 예배당을 지을 필요 없다"고 했습니다.

장갑을 꼈다가 뺄 때 잠깐의 시간이 걸리듯이 사람이 임종 전에 **현세와 내세를** 동시에 본다고 합니다.

한국 불교 최고의 스승인 성철 스님이 운명 직전에 현세와 내세를 동시에 보고 **임종게를** 말씀하셨는데 다음과 같습니다.
성철 스님은 죽음 앞에서 이 영적 사실을 깨닫고 토로했습니다.
일평생 남녀무리를 속여 미치게 했으니 그 죄업이 하늘에 미쳐 수미산보다 더 크다. 산 채로 불의 아비지옥으로 떨어지니 한이 만 갈래나 된다. 한 덩이 붉은 해가 푸른 산에 걸렸구나!
〈조선일보〉 1993.11.15 15면, 〈동아일보〉 1993.11.5 31면, 〈경향신문〉 1993.11.5 9면, 〈중앙일보〉 1993.11.5 23면)
"한평생 남녀무리를 진리가 아닌 것을 진리라고 속인 죄가 너무 커 지옥에 떨어진다"고 회한으로 몸부림치며 **천추의** 한을 토로했습니다.

설마가 사람 잡는다는 말이 있습니다.
설마설마 지옥이 있겠어! 했는데,
죽어보니까 **실제로** 지옥이 있습니다.
그때는 이미 너무 늦습니다.
이 사람처럼 지옥에서 이렇게 **땅을 치고** 후회한들
아무 소용이 없습니다. 그러므로 ○○님, 죽은 후에
영원히 **후회하지** 말고 예수님을 꼭 믿으셔야 합니다.

○○님, 지옥은 몇 가지 특징이 있습니다.
첫째, 지옥은 영원한 **고통의** 세계입니다.
화상을 입어 잠시 고통을 당하는 것도 견딜 수 없는데 지옥은 영원히 고통을 받아야 합니다.
꺼지지 않는 유황불에서 영원히 고통을 당한다고 한번 생각해 보십시오. 저는 상상하기도 싫습니다.
그리고 지옥은 죽어서 고통을 끊고 싶어도 끊을 수 없습니다. 왜냐하면 지옥에서 몸은 죽을 수 없는 몸이기 때문입니다.

둘째, 지옥은 영원히 **소망이** 없는 곳입니다.
지옥은 한 번 가면 아예 소망이 없는 곳입니다. 그래서 지옥은 절대로 가서는 안 됩니다.
단테의 《신곡》을 보면 지옥문 입구에 "이곳에 들어오는 자는 모든 희망을 버려라"라고 하는 글이 적혀 있습니다.
이 세상 모든 건물은 들어가면 나오는 출구가 있습니다. 그러나 지옥은 한 번 들어가면 절대로 빠져나올 수 없습니다.
그래서 위의 이 사람처럼 나중에 영원히 후회하지 말고 살아 있을 때 예수님을 믿고, 저 영원한 지옥의 형벌을 피하셔야 합니다.

셋째, 지옥의 시간은 끝이 없는 **영원한** 곳입니다.
미국 캘리포니아에 가면 우리나라 백두산만 한 화강암
돌산이 있습니다. 이 단단한 화강암 돌산에 독수리가 1년도
아니고, 10년도 아니고, 100년에 한 번씩 날아와 쓰으윽~
한번 훑고 날아갑니다.
그렇다고 닳아질까요? 윤기만 날 뿐입니다.
○○님, 이 단단한 화강암 돌산이 다 닳아 없어지려면
얼마나 긴 시간이 필요할까요? 답을 낼 수 없겠죠.
하지만, 다 닳아 없어졌다고 가정해 봅시다.
그러나 지옥의 영원한 시간에 비하면 **시작에** 불과합니다.

넷째, 성경은 또한 지옥을 **불못**이라고 했습니다. 요한계시록 20장 14절에
그렇게 말씀하고 있습니다.
1971년에 서울의 **대연각** 호텔에서 큰불이 난 적이 있었습니다.
그때 호텔 안의 사람들 중에는 너무나 뜨거워 창문을 깨고
벌거벗은 채로, 또는 이처럼 스티로폼을 타고 밖으로 뛰어내렸습니다.
얼마나 뜨거웠으면 벌거벗어 **창피한** 줄 알면서도 뛰어내렸겠습니까?
그러나 지옥은 뛰어내려봤자 소용이 없습니다.
죽고 싶어도 죽을 수 없는 몸이기 때문입니다.

그래서 무신론자 리치는 영원히 끔찍한 지옥에 가는 것보다 난로 위에서 **백만 년** 동안 고통받는 것이 더 낫다고 했습니다.
또한 이러한 지옥이기에 철학자이자 무신론자인 볼테르도 "나는 차라리 **태어나지** 말았어야 해"라고 외치며 처절하게 죽어갔습니다.
천국의 아름다움을 한마디로 나타낼 수 없듯이 지옥의 처참한 **고통도** 인간의 언어로서는 표현할 수 없습니다.
지옥! 말만 들어도 **숨이** 막히고 현기증이 나는 곳입니다.
○○님, 이런 지옥에 절대 절대 가서는 안 됩니다.
○○님, 단테의 《신곡》에서 "이 지옥문에 들어온 사람은 영원히 모든 희망을 버려라"고 하는 글을 마음 깊이 새기시길 바랍니다.
○○님, 왜 로댕이 생각하는 사람이라는 작품을 만들었는지 마음 깊이 새기시길 바랍니다.
○○님, 왜 볼테르가 "나는 지옥에 간다. 나는 차라리 태어나지 말았어야 해"라고 처절히 외쳤는지를 마음 깊이 새기시길 바랍니다.

로댕의 생각하는 사람을 아십니까?(지옥)
(마태복음 13:42; 요한계시록 20:15)

이 챕터는 사람들에게 지옥에 대한 경각심을 심어 주기 위해서 글을 썼습니다.
사람들은 죽으면 끝이지 무슨 지옥이 있냐고 합니다.
그러나 지옥은 사람들이 있다고 해서 있고, 없다고 해서 없는 것이 아닙니다.
사람의 양심이 지옥이 있다고 증거하고 있습니다.
지옥이 없다고 말하는 사람들에게 지옥이나 가라고 말하면 굉장히 화를 냅니다.
지옥이 없다고 믿는다면 화낼 이유가 없는데 말입니다.
그러나 그의 양심이 지옥이 있는 것을 알기 때문에 화를 내는 것입니다.
지옥은 어떤 곳일까요?
우리는 성경을 통해서 지옥에 관한 정보를 얻을 수 있습니다(마태복음 13:42).
성경은 지옥을 '불못'이라고 했습니다.
꺼지지 않는 유황 불못에서 영원토록 고통을 당하는 곳이 바로 지옥입니다.

지옥은 실제로 존재하는 곳입니다.
그러나 만약 지옥이 없다면 기독교의 복음은 인류 최대의 사기이고, 모든 목사는 가장 악랄한 사기꾼이며,
기독교는 공산주의자들이 이야기하는 인민의 아편일 것입니다.
그러나 정말로 지옥이 존재한다면 지옥을 피할 수 있는 길을 가르쳐 주는 기독교의 복음은 모든 인류를 위한
가장 기쁜 소식이며, 이것을 전하는 전도자는 이 세상에서 가장 위대한 일을 하는 자일 것입니다.

학교 다닐 때 미술 시간에 천재 조각가 로댕에 대해 한 번쯤은 들어보고 배웠을 것입니다.
로댕은 프랑스가 낳은 천재 조각가입니다.
그리고 '로댕' 하면 제일 먼저 떠오르는 작품은 "생각하는 사람"일 것입니다.
원래 로댕이 이 작품을 만들게 된 동기는 단테의 《신곡》에 나오는 지옥문을 떠올리고 만들었다고 합니다.
하지만 사람들은 로댕이 왜! 이 생각하는 사람 작품을 만들었는지는 잘 모르고 있습니다.
이 내용이 이 챕터의 중요 포인트이자 **첫 번째** 공통분모입니다.

지옥은 몇 가지 특징이 있습니다.
그 첫째가 지옥은 한 번 가면 두 번 다시 기회가 없는 곳입니다.
단테의 《신곡》을 보면 지옥문 입구에는 "이곳에 들어오는 자는 모든 희망을 버려라"라고 했습니다.
이 세상에는 어떠한 건물도 들어가면 나오는 출구가 있습니다.
그러나 지옥은 한 번 들어가면 절대로 빠져나올 수 없습니다.
죽음 다음에는 두 번 다시 기회가 없습니다.
살아 있을 때 예수님을 믿어야 합니다.
이 내용이 이 챕터의 중요 포인트이자 **두 번째** 공통분모입니다.

두 번째가 지옥은 불못이기 때문에 말로 표현할 수 없는 고통의 세계입니다.
그런데 이런 지옥에서 잠깐도 아니고 영원히 고통을 받아야 합니다.
이 내용이 이 챕터의 중요 포인트이자 마지막 **세 번째** 공통분모입니다.

지금도 수많은 영혼이 죽어서 영원한 지옥으로 떨어지고 있습니다.
그런데 이런 사실을 알고도 잠잠히 있다면 우리는 하나님의 책망을 피할 수가 없을 것입니다.

09 인간에게는 **두 개**의 고향이 있습니다

열한 챕터 전도지

그 첫 번째가 육신의 고향입니다.
연어의 **회귀 본능에** 대해 잘 알고 있을 것입니다.
(회귀 본능이란 자신이 태어나고 자란 고향을 그리워하여 돌아가고자 하는 본능을 말합니다.)
연어는 원래 민물에서 태어나 자랍니다. 그리고 어느 정도 자란 다음엔 바다로 내려가서 삽니다. 짜디짠 바닷물 속에서 그들의 뼈가 자라고 살이 자랍니다. 이렇게 3~4년을 살고 나면 산란할 때가 됩니다. 그러면 연어는 **본능적으로** 자신의 고향 집인 민물을 향해 이렇게 사투를 하며 돌아오게 됩니다.

우리 인간의 영혼도 연어처럼 고향을 떠나 사는 존재이면서 동시에 고향을 **그리워하며** 사는 존재입니다.
그래서 연어처럼 세월이 지나면 지날수록 자신이 태어난 고향 집을 그리워하게 됩니다.(옆에 노신사처럼 말입니다.)
또한 고향은 어머니의 **태와** 같은 곳입니다.
그래서 명절이 되면 사람들은 부모님이 계신 고향 집을 향해 아무리 시간이 걸리고, 아무리 힘들어도 기쁘게 달려갑니다.

영원한 천국
(요한계시록 21:11-21)

천국은 동서남북으로 열두 문이 있습니다.
성은 네모가 반듯하여 길이와 너비가 같습니다.
성곽은 각종 보석으로 되어 있습니다. 수정같이 맑은 생명수와 강 주위에 생명나무가 있습니다. 어떻게 이렇게 자세히 기록되었을까요? 요한이 봤기 때문입니다.

연어가 자신이 태어난 민물로 돌아가듯이, 우리 육신이 자신이 태어난 고향 집을 향해 달려가듯이, 우리 영혼도 하나님이 계신 고향 집을 향해 달려가야 합니다.
그렇다면 그 두 번째 고향 집은 어디일까요?
천국은 **말로** 표현할 수 없이 아름답고 너무너무 좋은 곳입니다.
어느 목사님이 천국의 아름다움을 다음과 같이 예를 들었습니다.
바다에 사는 거북이 한 마리가 인간들이 사는 도시의 화려함을 보고 바다로 돌아가 인간들이 사는 도시를 설명하려 했지만 거북이 언어로는 도저히 설명할 수 없었습니다. 천국도 마찬가지입니다.
천국을 체험한 사람들이 천국의 아름다움을 인간의 말로 설명을 하려 하지만 다 설명할 수 없습니다.

말로 다 할 수 없이 좋은 천국도 있는 것과 없는 것이 있습니다. 그렇다면 그 좋은 천국엔 무엇이 없을까요?
우선, 돈이 없습니다. 왜 돈이 없을까요?
천국은 인간에게 필요한 모든 것이 완벽하게 갖춰진 장소이기 때문입니다.
○○님, 만약 나라에서 한 사람당 1억씩 매달 생활비를 죽을 때까지 준다면 무엇을 걱정하지 않아도 될까요? 당연히 돈이겠죠.
만약 나라에서 매달 1억씩 준다면 카드빚이나 노후 대책이나 병원비나 월세나 내 집 마련 등등을 하지 않아도 될 것입니다.

또한, 천국은 죽음과 눈물이 없습니다.

또한, 천국은 노인이 없습니다.

또한, 천국은 고통과 질병이 없어서 병원이 필요 없습니다.

슬픔과 이별과 아픔과 괴로움 그리고 죄와 전쟁은 **이 세상으로** 끝나야 합니다.
다음 세상에서만큼은 **돈** 걱정 등등 아무 걱정 없이 행복하게 사셔야 합니다.
천국은 각종 보석으로 찬란하게 빛나는 아름다운 곳입니다. **하나님이** 사시는 곳이니 얼마나 아름답게 만드셨겠습니까?
○○님, 그렇다면 천국과 하나님을 어떻게 알 수 있을까요? 그것은 의심 없이 믿어야 알 수 있습니다.

○○님, 물체는 이 사람처럼 보면 알 수 있겠지요.

음성도 이렇게 헤드폰으로 들어보면 알 수 있겠지요.

음식도 이 사람처럼 먹어보면 알 수 있겠지요.

하나님은 어떻게 알 수 있을까요? 믿어봐야 알 수 있습니다.

자! 그렇다면 찬란하게 아름답고 행복한 천국을 어떻게 하면 갈 수 있을까요? 그것은 거듭나면 갈 수 있습니다.

한 가지 비유를 들겠습니다. 닭은 두 번 태어납니다.
달걀로 한 번 병아리로 한 번, 이렇게 두 번 태어납니다.
사람도 마찬가지로 닭처럼 **두 번** 태어나야 합니다.
육신으로 한 번 영적으로 한 번, 이렇게 두 번 태어나야 합니다.
즉, 엄마의 자궁에서 한 번 태어난 후, 예수님을 영접하여 영적으로
한 번, 이렇게 두 번 태어나야 합니다.

병아리가 부화해서 나와야 바깥 세상을 볼 수 있듯이 사람도 예수님을 영접하고 **거듭나야** 영적인 세계를 볼 수 있습니다.
○○님도 저처럼 예수님을 영접하고 거듭나기만 하면 하나님과 천국이 확실하게 믿어집니다.
저와 ○○님의 차이는 병아리처럼 부화했느냐 안 했느냐 그 차이일 뿐입니다. 즉, 거듭났느냐 안 났느냐 그 차이입니다.
제가 ○○님보다 먼저 영적으로 태어나서 영의 세계가 신기하게 **100%** 믿어지고 보이기 때문에 이렇게 예수님을 전하는 것입니다.
보이지도 않는데 어떻게 무작정 믿으라고 하겠습니까? 저도 예수님을 믿기 전에는 ○○님처럼 똑같은 생각을 가졌습니다.
누가 전도하면 "보이지도 않는데 도대체 어떻게 믿느냐!"고 반문했습니다. 그러나 이제 거듭나니까 하나님과 천국과 영의
세계가 확실하게 믿어졌습니다. 공기와 바람도 우리 눈에 보이지 않지만 분명하게 있듯이 하나님과 천국도 분명하게 있습니다.
○○님, 이제 마무리하면서 **질병도, 늙음도, 눈물도, 죽음도** 없는 곳에서 영원히 살고 싶지 않으십니까?
○○님, 다음 세상에서는 돈 등등 아무 걱정하지 않고 마음 편히 영원히 살고 싶지 않으십니까?
○○님, 천국은 하나님이 사시는 곳이기에 말로 표현할 수 없는 아름다운 곳입니다. 이 아름다운 천국에 가고 싶지 않으십니까?
천국은 예수님을 ○○님, 구주로 영접만 하면 됩니다. 그러면 천국에서 아무 걱정 없이 영원히 영원히 행복하게 살 수 있습니다.

하나님의 아들이신
예수님은 ○○님을
죄와 죽음과
영원한 지옥의
고통에서
구원해
주시려고
인간의 몸이
되셔서 이 땅에
태어나셨습니다!

그리고 ○○님의 죄를
깨끗하게 해주시기 위해서
십자가에 달려 죽으셨습니다.

하지만 이 구원이 ○○님에게 적용되기 위해서는
○○님이 하실 일이 있습니다.
로마서 10장 10절을 보시면 ○○님께서 구원받기
위해선 입으로 고백하고 시인을 해야 한다고 했습니다.
○○님, 괜찮으시다면, 영접 부분을 읽어 주시면
감사하겠습니다.

**예수님, 나의 죄를 위해
십자가에 죽으심을
내가 믿사오니 나를 구원해 주세요.
예수님의 이름으로 기도합니다.
아멘.**

두 개의 고향 (육신과 영혼의 고향, 요한계시록 22:11-21)

천국을 잘못 전하면 이단, 삼단이라는 소리를 들을 수 있습니다.
또한 천국의 복음을 전하여도 잘 듣지 않는 시대입니다.
그래서 고향이라는 감성을 터치하여 천국 복음 챕터를 만들었습니다.
고향은 복음을 전하는 자나 듣는 자나 같은 공통분모입니다.
고향은 어머니의 품 같은 곳입니다.
이렇게 어머니 품 같은 고향이기에 명절이 되면 자녀들은 아무리 힘이 들고 시간이 걸려도 기쁘게 달려갑니다.
그래서 천국이란 복음이 부담스럽지만 고향이라는 공통분모가 있기에 우리는 부담 없이 전할 수 있습니다.

연어가 회귀 본능이 있듯이 우리 인간도 세월이 흐르면 흐를수록 고향에 대한 회귀 본능이 있습니다.
마찬가지로 우리 영혼도 영혼의 고향인 천국에 대한 회귀 본능이 있습니다.
그래서 사람들이 내세를 사모하게 되는 것입니다.
이 내용이 이 챕터의 중요 포인트이자 **첫 번째** 공통분모입니다.

물질 만능주의다 보니 사람들은 돈만 있으면 이 세상도 얼마든지 천국이라고 하며 복음을 잘 들으려 하지 않습니다.
그래서 이런 사람들에게는 늙지도 않고, 아픔도 없는 영원한 천국을 소개하였습니다.
또한 자나 깨나 죽을 때까지 돈 걱정만 하는 사람들을 위해서는 모든 것이 풍족해서 영원히
돈 걱정하지 않아도 될 천국을 소개하였습니다.
또 슬픔과 이별과 아픔과 괴로움 그리고 죄와 전쟁은 이 세상으로 끝나야 하고
다음 세상에서만큼은 아무 걱정 없이 행복하게 살아야 합니다.
이 내용이 이 챕터의 중요 포인트이자 **두 번째** 공통분모입니다.

하늘나라는 거듭나야 갈 수 있습니다.
그리고 하나님과 영의 세계도 거듭나야 알 수 있습니다.
그래서 이 거듭남을 쉽게 설명하기 위해서 닭과 병아리로 예를 들었습니다.
닭은 달걀과 병아리로 두 번 태어나야 합니다.
마찬가지로 우리 인간도 육신으로 한 번, 성령으로 한 번, 그렇게 해서 두 번 태어나야 합니다.
이렇게 우리가 두 번 태어나야 천국에 갈 수 있는데 그 거듭남의 조건은 예수님을 구주로 영접해야
한다는 것입니다. 이 내용이 이 챕터의 중요 포인트이자 마지막 **세 번째** 공통분모입니다.

육신이 나이가 들면 들수록 고향을 그리워하듯이 하나님의 백성들도 당연히 천국을 사모해야 합니다.
그러나 성도들의 삶을 보면 전혀 천국을 사모하는 것 같지가 않습니다.
오히려 이 세상 사람들보다 더 세상에 애착을 두고 살아가는 것을 볼 수 있습니다.
그러나 우리 믿음의 선진들은 비록 이 땅에 살지라도 언제나 천국에 대한 소망을 잃지 않았습니다.
그래서 성도들에게는 천국 신앙을 일깨우고 세상 사람들에게는 이 아름다운 천국을 전해야 합니다.

**"모든 눈물을 그 눈에서 닦아 주시니 다시는 사망이 없고 애통하는 것이나 곡하는 것이나 아픈 것이
다시 있지 아니하리니 처음 것들이 다 지나갔음이러라"(요한계시록 21:4).**

로마서 6장 23절

10 열한 챕터 전도지

"죄의 삯은 사망이요 하나님의 은사는 그리스도 예수 우리 주 안에 있는 영생이니라"
열한 챕터는 로마서 6장 23절을 일곱 단락으로 나눠 설명하였습니다(죄, 삯, 사망, 하나님, 예수님, 주, 영생)

이 세상 많은 종교와 많은 사람은 한 가지 공통점이 있습니다.
그것은 죄를 가지고는 좋은 데 가지 못하니 이 **죄를** 다 씻어야 한다고 합니다. 그래서 이렇게 수행도 하고, 고행도 하고, 도덕적으로 바르게 살아가기도 합니다. 그렇다면 많은 종교와 많은 사람이 좋은 데 가기 위해서 그렇게 **노력**하는데,
죄 하면 ○○님은 무엇이 먼저 떠오릅니까? 저는 먼저 살인, 도적질, 간음이 떠오릅니다.

그러나 이러한 죄의 결과들은 다 **원인이** 있습니다. 죄는 언제나 마음에서부터 시작됩니다.
미움이 점점 발전하면 살인을 하게 되고, 탐심이 점점 발전하면 도적질을 하게 되고, 음욕이 점점 발전하면 간음을 저지르게 됩니다.
모든 사람은 죄의 성품을 가지고 있습니다. 남들에게 들키지 않으려고 숨겨서 그렇지 다 죄의 성품이 있습니다.

죄는 반드시 **대가가** 있습니다. 주차를 위반하면 몇만 원의 벌금을 내야 합니다. 특수폭행죄를 저지르면 천만 원 이하의 벌금이나 5년 이하의 징역을 살아야 합니다.
이처럼 세상의 죄는 다 정해진 죄의 삯, 즉 대가가 있습니다.
또한, 성경에도 죄의 대가로 중요한 두 가지 죽음이 있다고 말씀하고 있습니다.

육체 안에는 '나'라는 영혼이 살고 있습니다.

위의 그림을 보세요. 건물 안에 사람이 살고 있듯이 육체라는 건물 안에 **나**라는 영혼이 살고 있습니다.
그러다가 죽음과 동시에 이렇게 육과 영이 서로 분리됩니다. 성경은 이를 가리켜 첫 번째 죽음인 **육체의** 죽음이라고 말합니다.
그리고 두 번째 죽음은 다른 말로 **사망**입니다. 이 두 번째 죽음인 사망은 하나님과 분리되어 지옥에서 영원히 사는 삶을 말합니다.
즉, 행복한 천국에서 하나님과 함께 살지 못하고 하나님과 분리되어서 영원히 지옥에서 고통을 받으며 사는 것을
둘째 죽음인 사망이라고 말합니다. 이 지옥은 절대 가면 안 됩니다. **말로** 표현할 수 없는 영원한 고통의 세계이기 때문입니다.
많은 사람은 죽음과 지옥의 이야기를 하면 듣기 부담스러워합니다. 어떤 집에 불이 났습니다.
그런데도 그 사람은 전혀 모른 채 잠자고 있다면 어떻게 해야 합니까? '불이야' 하고 외쳐야 하지 않겠습니까?
그래서 ○○님이 **지옥** 가지 않도록 이렇게 복음 전하는 것입니다.

하나님은 어떤 분이실까요?

첫째, **사랑의** 하나님이십니다.
우리의 죄 때문에 독생자 예수님을 이 땅에 보내주셨을 뿐만 아니라 우리의 죄를 대신해 십자가에 죽도록 내어 주셨습니다.
질문 하나 드려도 될까요? "○○님, ○○님의 자녀를" 누굴 **대신해** 죽게 하라면 죽게 하실 수 있겠습니까? 결코, 쉽지 않을 것입니다.
둘째, 집마다 지은 이가 있듯이 **우주 만물을** 지으신 분은 하나님이십니다(히브리서 3:4).
지구는 **우연히** 생겨난 땅덩어리가 아닙니다. 그 좋은 예로 지구의 크기가 10%만 늘어나면 물이 전혀 증발하지 않습니다.
또한 10%만 작아지면 모든 물이 다 증발해 버립니다. 그러면 모든 생물은 살 수 없습니다.
○○님, 우주에는 별이 얼마쯤 될까요? 1,900년까지만 하여도 사람들은 하늘의 별이 6,000개 정도라고 생각했습니다.
그러나 요즈음 과학자들이 첨단 망원경으로 우주를 관찰해 보니 우주에는 바다의 **모래알만큼** 별이 많다고 합니다.
그런데 더 놀라운 사실은 2,500년 전 우리보다 앞서 살았던 예레미야 선지자는 첨단 망원경도 없는데 우주의 별이 바다의 모래알만큼 많다고 했습니다.
예레미야 33장 22절입니다. "하늘의 만상(별)은 셀 수 없으며 바다의 모래는 측량할 수 없나니"라고 했습니다.
2,500년 전에는 첨단 망원경도 없던 시절인데 예레미야 선지자는 그러면 이것을 어떻게 알았을까요?
하나님이 가르쳐 주지 아니하고는 절대 불가능한 일이겠지요.
그런데 더 놀라운 것은 시편 147편 4절을 보면 하나님께선 이 많은 별들의 **수효를** 세실 뿐만 아니라 이 많은 별들을
하나하나 이름대로 부르신다고 하였습니다. "그가 별들의 수효를 세시고 그것들을 다 이름대로 부르시는도다"라고 하였습니다.
또 이분만 아니라 살아계시고 전능하신 하나님은 별들을 질서 있게 돌게 하십니다.
과학자들에 의하면 지구는 **북극성을** 중심으로 질서 있게 돌고 있다고 합니다.
그런데 만약 이 많은 별들이 질서 있게 돌지 않고 그 많은 별이 하나라도 지구에 떨어지게 된다면 이 지구는 어떻게 될까요?
생각하고 말 것도 없습니다. 지구는 벌써 **멸망**했을 것이고, ○○님이나 저 또한 이 지구상에 **존재**하지도 못했을 것입니다.
이렇게 별들을 질서 있게 돌게 하시는 하나님은 또한 광활한 우주 공간에서 우리 인간들이 특별히 살 수 있도록 적당한 온도, 그리고 다리가 견딜 만한 중력으로 이 지구를 만들어 주셨습니다.

예수님은 어떤 분이실까요?

예수님은 하나님의 **아들**이십니다.
그리고 우리에게 너무나 소중한 **영생이** 예수님 안에 있습니다. 요한복음 17장 3절 말씀에
"영생은 유일하신 참 하나님과 예수 그리스도를 아는 것이니"라고 했습니다.
예수님을 알기만 해도 영생을 소유할 수 있다고 하니 정신을 바짝 차리고 들으셔야 합니다.
그렇다면 이렇게 소중한 예수님은 어떤 분이실까요?
예수님은 인간의 몸이 되셔서 이 땅에 오신 **하나님**이십니다.
그렇다면 왜 하나님이신 예수님이 인간의 몸이 되셔서 이 땅에 오셨을까요?
첫째, 인간의 죄는 **죄 없는** 인간만이 대신 죽어 줄 수 있기 때문입니다.
둘째, 인간으로 오신 이유는 신은 **피를** 흘릴 수도 없고 인간을 대신해 죽을 수도 없기
때문입니다. 이것이 예수님께서 인간으로 오신 결정적인 이유입니다.

셋째, 예수님은 우리의 죄를 위해 십자가에 **피 흘려** 죽으셨습니다.
죄는 착하고 바르게 산다고 해서 없어지는 것이 아니라 피 흘림의 죽음으로만 가능하다라고 했습니다(히브리서 9:22).
그래서 AD 26-36년 빌라도가 유대 지방을 다스리고 있을 때 예수님께서 우리의 죄를 대신해 십자가에 달려 돌아가셨습니다.
이것은 어느 누구도 부인할 수 없는 역사적인 사실입니다.

또한 예수님은 우리의 죄를 위해 죽어주셨을 뿐만 아니라 우리의 **주가** 되십니다.
왜! 그렇다면 예수님께서 ○○님의 주인 되시는지 간단히 예를 들겠습니다.
몽고메리라는 사람은 다음과 같이 말했습니다.
우리가 역사적 기록들에 나와 있는 예수님을 좋아하든 좋아하지 않든 중요한 한 가지는
우리 개인의 운명이 예수님 **손에** 쥐어져 있다는 사실을 인정해야 한다고 했습니다.
"○○님, ○○님의 인생에 대해 조금만 생각해 보십시오."
○○님의 성(남·여), ○○님의 부모, ○○님의 국적, 그리고 ○○님의 죽는 시간과

예수님은 인생의 주가 되십니다.

삶의 길이를 ○○님과 아무런 의논 없이 하나님 자유로 정하시고 하나님의 비밀로 되어 있다는 사실입니다.
구약 이사야를 보시면 히스기야 왕이 죽을 병에 걸리자 하나님께 간절히 기도하여 **15년** 생명을 더 연장받았습니다(이사야 38:1-8).
○○님, 인생의 주인 되신 예수님은 지금도 놀라운 기적을 베푸십니다.
제가 아는 박태욱 목사님은 루프스라는 희귀병으로 1시간 있으면 의학적으로 죽는다는 17세 **김인영** 학생을 기도로 살렸습니다.
그랬더니 당시 김인영 학생의 치료를 담당했던 의사들이 이 환자는 **연구** 대상이라 했다고 합니다.
이 박태욱 목사님은 이 김인영 학생뿐만 아니라 중환자 7명을 하나님께 기도함으로 더 살리셨고 지금도 이 사역을 계속 중이십니다.
이러한 사실을 볼 때 예수님이 우리 인생의 **주인** 되심을 부인할 수 없습니다.

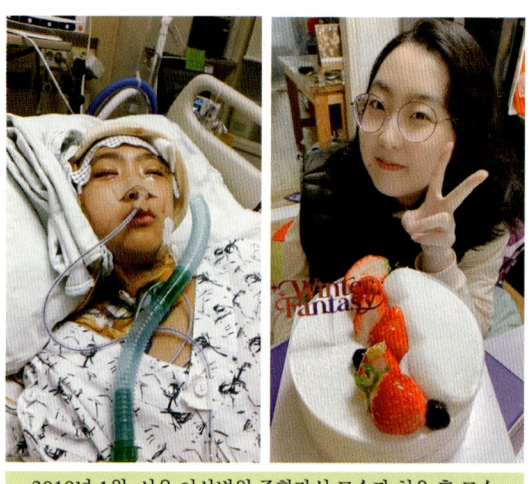

2019년 1월, 서울 아산병원 중환자실 모습과 치유 후 모습

온 우주를 지으시고 온 우주의 주인이신 하나님의 선물이 있는데 이 선물은 '**영생**'이라고 말씀하고 있습니다.
하나님은 ○○님에게 영생의 선물을 주시길 원하십니다(에베소서 2:10).
보안상 이름을 밝히지 않은 뉴질랜드의 한 남성이 친척으로부터 생일 선물로 로또를 받았는데 이 로또가 1등 당첨이 되었습니다.
1등 당첨금이 얼마나 되는지 아십니까? 자그마치 **60억**이나 되었습니다.
그런데 만약 이 남성이 로또 생일 선물을 당첨률이 낮다 하여 휴지통에 버렸다면 60억의 당첨금 주인공이 되지 못했을 것입니다.
○○님, 누가 정말로 로또 1등 티켓을 공짜로 준다면 ○○님은 어떻게 하시겠습니까?
멍하니 바라만 볼 것입니까? 아니면 죽을힘을 다해 취하시겠습니까?
당연히 취해야겠지요? 하나님께서 ○○님에게 주시고자 하는 이 영생은 로또와는 비교할 수 없는 값진 것입니다.

영생

이 귀한 영생의 선물을 하나님께서 아무 **대가 없이** ○○님에게 주시고자 하십니다.
그런데 이 귀한 영생의 선물을 멍하니 바라만 보면 되겠습니까?
당연히 받아야 할 줄 믿습니다.
이 영생은 지옥의 영원한 심판을 받지 않고 천국에서 **하나님과** 영원히 사는 생명입니다.
또한 이 영생은 **병들지도, 늙지도, 죽지도** 않습니다.
그러나 이 선물은 이 땅 모든 사람에게 적용되지 않습니다.
자신의 죄를 인정하고 예수님을 구주로 받아들이고 십자가 앞에 죄를 고백하는 자에게만 적용됩니다. 성경에 이렇게 기록하고 있습니다.
"**사람이 마음으로 믿어 의에 이르고 입으로 시인하여 구원에 이르느니라**"
(로마서 10:10)고 했습니다.
그러므로 이 시간 예수님이 ○○님의 구주 되심을 인정하고 입으로 고백해야 합니다. 그리할 때 영생을 선물로 받을 수 있습니다.

○○님, 괜찮으시다면, 영접 부분을 읽어 주시면 감사하겠습니다.

예수님, 나의 죄를 위하여 십자가에 죽으심을 내가 믿사오니 나의 죄를 용서해 주시고 나를 구원해 주세요. 예수님의 이름으로 기도합니다. 아멘.

예수님을 영접하면 단순히 구원만 받는 것이 아닙니다.
다음과 같은 선물을 값없이 받습니다.

하나님의 자녀가 됩니다. / 죄 사함을 받습니다. / 영생을 얻습니다. / 천국 시민이 됩니다.

맨투맨 전도와 양육 (로마서 6:23)

곡식을 심으려면 먼저 밭을 갈아엎는 작업을 해야 합니다.
그래야 씨앗이 뿌리를 잘 내릴 수 있습니다.
밭을 갈아엎지 않으면 어떠한 씨앗도 뿌리를 내릴 수 없습니다.
마찬가지로 새 신자도 마음의 밭을 먼저 갈아엎지 않은 상태에서 무조건 복음을 전하면 어떻게 되겠습니까?
아무리 목사님의 설교가 좋고 은혜로워도 복음의 씨앗이 내릴 수 없습니다.
그래서 절대 서두르면 안 됩니다.
한 명의 불신자를 교회로 인도하기가 얼마나 어려운지를 잘 아실 것입니다.
힘들게 교회에 데려왔는데 은혜 받지도 못하고 돌아가게 되면 두 번 다시 인도하기가 어렵고,
다른 사람도 그 영혼에게 복음을 전하기가 쉽지 않습니다.
그래서 할 수만 있다면 관계 전도로 먼저 복음을 전하고 데려와야 합니다.
관계 전도가 안 된 상태에서 무작정 교회에 데려와 정착이 안 되면 전도한 성도와 교회가 어떻게 되겠습니까?
크게 사기가 떨어집니다.
그리고 나중에 목사님이 아무리 "전도합시다"라고 해도 동기부여가 잘 되지 않습니다.

많은 교회와 목회자들은 잘못된 환상을 갖고 있습니다.
한 번의 복음 전도가 구원의 열매로 직결될 것으로 믿습니다.
간혹 그런 경우도 있겠지만 그렇지 못한 경우가 더 많습니다.
한 번쯤 교회에 올 수는 있겠지만 계속 출석하기는 쉽지가 않습니다.
한 번의 전도와 한 번의 복음의 말씀으로 구원에 이르기는 쉽지가 않습니다.
저도 목회 초창기 때는 이런 환상을 가지고 있었습니다.
그래서 새 신자 초청 잔치를 여러 번 하였습니다.
그러나 결과는 정반대였습니다.
그래서 이 관계 전도지를 만들게 되었습니다.

저뿐 아니라 지금 현장에서 목회하시는 목사님들의 공통된 생각일 것입니다.
교회 성도들에게 성경공부를 하자고 하면 대부분 좋아하지 않으리라는 의견에 동의할 것입니다.
성경공부를 하자고 하면 이런저런 핑계를 대면서 어떻게든 성경공부 시간을 피해 도망가려고 할 것입니다.
그러면 이런 성도들에게 어떻게 성경을 가르쳐야 하겠습니까?
당연히 내용이 쉽고 짧아야 합니다.
그래서 제가 복음의 내용을 쉽고 짧게 만들기 위해 많은 시간을 투자하였습니다.
그렇지만 내용이 쉽고 짧다고 하여도 결코 부실하지 않습니다.
이 챕터를 처음 보신 어느 목사님께선 이 챕터는 전도와 양육 교재로 사용해도 되겠다고 하셨습니다.
그래서 이 계기로 세미나까지 하게 되었습니다.

삼척 큰빛교회 김상태 목사님의 말처럼 교회의 심장이 뛰게 하는 것은 양육에 달려 있습니다.
이 말은 아무리 강조해도 틀리지 않을 것입니다.
그래서 제가 이 챕터를 심혈을 기울여서 만들었습니다.
이 챕터는 양육이 잘 준비되어 있지 않은 교회나, 성경공부 하기를 싫어하는 성도들에게 많은 도움이 될 것입니다.
끝으로 이 챕터는 비록 짧을지라도 조직신학입니다.
짧더라도 인간론, 신론, 기독론, 종말론을 담았습니다.
새 신자나 기존 성도들에게 복음과 성경을 간단하게 가르치길 원하신다면,
이 챕터를 십분 활용하시기 바랍니다.

11 예수님의 부활은 **역사적** 사실입니다!

열한 챕터 전도지

영국의 브라이언이란 사람이 이집트에 가서 3,000년이나 된 **강낭콩을** 발견하였습니다. 그리고 그것을 가져다가 혹시나 하는 마음에 심었더니 놀랍게도 싹이 나고 꽃이 피고 이렇게 열매를 맺었습니다. 3,000년씩이나 된 씨앗에서 싹이 나고 열매를 맺었으니 정말 놀랍지 않습니까? 그런데 만물의 영장이라는 인간이 겨우 **100년** 미만의 삶으로 끝난다면 얼마나 허무합니까? ○○님, 그렇지 않습니까?

한번은 부흥사였던 무디 목사님이 **장례** 설교 부탁을 받아 예수님은 장례 설교를 어떻게 하셨을까 하고, 성경을 한참 찾았는데 전혀 찾을 수가 없었습니다. 그것은 예수님이 가신 장례식장은 슬픔이 변하여 **축제로** 바뀌었기 때문이었습니다.

성경을 보면 예수님이 이 땅에서 하나님의 일을 하실 때 **세 사람을** 살리는 사건이 나옵니다. 회당장 야이로의 딸과 나인 성에 사는 과부의 아들과 죽은 후 나흘이 되어 썩어 냄새나는 나사로를 살리신 그 사건입니다. 죽은 자를 살려서 슬픔을 **축제로** 바꾸었다는 것은 죽음을 마음대로 주장하시는 분이란 것을 우리가 잘 알 수 있습니다. 그런데 죽은 사람을 세 사람이나 살리신 예수님이 정작 **자신의** 죽음을 이기거나 부활하지 못하셨다면 말도 안 됩니다.
○○님, 제 말이 맞나요. 틀리나요? 사람들은 예수님의 부활을 허무맹랑한 전설의 고향과 같은 이야기로 생각합니다. 그러나 예수님의 부활은 **역사적** 사실입니다.

AD 26-36년까지 유대 지방을 내가 다스렸지!

기독교인은 신앙을 고백할 때 빌라도의 이름을 거론합니다. 그의 이름을 거론하는 것은 그가 역사적인 인물인 것처럼 예수님의 죽음과 부활도 **역사적인** 사실임을 강조하기 위함입니다. 예수님은 빌라도가 **AD 26-36년**에 유대 지방을 다스리고 있을 때 우리를 구원해 주시려고 역사의 한복판에서 죽으시고 부활하셨습니다. 그런데 예수님의 부활을 믿지 않고 오히려 제자들이 예수님의 시신을 훔쳐 갔노라고 **도적설을** 주장하고 억지를 부리는 무리들이 있었습니다.

여기서 도적설이란 다음과 같습니다. 예수님이 성경의 예언대로 죽음 후 사흘 만에 다시 살아나시자 예수님을 십자가에 죽이는 데 앞장 섰던 당국자들은 당황하였습니다.
그래서 이 사실이 백성들에게 퍼지기 전에 예수님의 무덤을 지키던 병사들에게 **돈을** 주고 가짜 뉴스를 퍼뜨리도록 하였습니다.
자신들이 잠깐 잠든 사이 제자들이 몰래 와서 예수님의 시신을 도적질해 갔노라 거짓으로 유포하라 하였습니다.
이것을 가리켜 **도적설**이라 합니다(마태복음 27:64, 28:13).
자, 그러면 지금부터 저와 함께 이 도적설이 얼마나 터무니없는 억지 주장인지 함께 살펴보도록 하겠습니다.

첫 번째, 제자들은 로마 병사들이 두려워 숨었기에 불가능했습니다.

자, 그렇다면 로마 병사들이 무서워 문밖에도 나가지 않은 제자들이 당국자들의 말대로 예수님의 시신을 도적질해 갔을까요?
아니면 성경의 예언대로 예수님이 다시 살아나셨을까요?

요한복음 20장 19절을 보면 제자들은 예수님께서 부활하시고 자신들에게 찾아올 때까지 로마 병사들이 두려워서 문을 단단히 **잠그고** 벌벌 떨며 숨어 있었습니다. 무덤 근처에 가지도 않았을 뿐더러 예수님께서 자신들에게 직접 찾아오실 때까지 오히려 숨어 있었습니다.
그런데 어떻게 그들이 예수님의 시신을 훔칠 수 있겠습니까?
너무나 **상식적으로** 맞지 않습니다.
자, 그렇다면 로마 병사들이 무서워 **문밖에도** 나가지 않은 제자들이 당국자들의 말대로 예수님의 시신을 도적질해 갔을까요?
아니면 성경의 예언대로 예수님이 다시 살아나셨을까요?

두 번째, 도적설은 제자들을 시신 도굴범으로 처벌하지 않았기에 불가능했습니다.

만약에 제자들이 예수님의 시신을 훔쳤다면 당국자들이 굳이 파수꾼에게 돈을 주고 **매수할** 필요가 없습니다. 왜냐하면 **제자들만** 처벌하면 되니까요.
예수님 당시 당국자들이 어떤 사람들이었습니까?
아무 죄도 없는 예수님을 억지로 십자가에 죽인 당사자들입니다.
이런 악랄한 자들이 가만히 있겠습니까?
전국에 **체포령을** 내려 예수님의 제자들을 당장 잡아들이라고 했을 것입니다.
○○님, 제 말이 상식적으로 맞나요? 틀리나요?

세 번째, 잘 정돈된 수의 때문에 불가능했습니다.

요한복음 20장 6절과 7절 말씀을 보면 예수님의 제자들이 무덤에 가 보았을 때 예수님의 시신은 온데간데없고 예수님의 시신을 쌌던 세마포는 **가지런히** 놓여 있었으며, 머리를 둘렀던 수건 또한 잘 **개어져** 있습니다.
그렇다면 누가 세마포와 수건을 잘 정돈하였을까요?
제자들이 그렇게 했을까요? 절대 불가능한 일입니다.
왜냐하면 로마 병사들이 자신들의 **목숨을** 걸고 철통같이 무덤 문을 지키고 있었기 때문입니다. 예수님의 시신을 훔쳐 가는 것만도 불가능한 일인데 세마포와 수건을 겁쟁이인 제자들이 정돈한다, 이것은 상식적으로 말이 되지 않습니다.
세마포와 수건을 정돈한 사람은 제자들이 아니라 주의 천사들이 하신 것입니다.

네 번째, 로마 병사들이 무덤 문을 철저히 지켰기 때문에 불가능했습니다.

예수님 당시 세계에서 제일 **규율이** 엄격하고 용맹스러운 군인은 로마 병사들이었습니다. 그들은 죄수들을 지킬 때도 아주 철저했습니다.
만일에 죄수가 탈옥하거나 도망을 쳤을 경우 그리고 그 죄수를 잡지 못할 경우에 자신들의 **목숨을** 내놓아야 했습니다(사도행전 16:27).
이렇게 철저히 무덤 문을 지켰기 때문에 당국자들은 병사들을 믿고 **편안히** 잠을 잘 수 있었습니다. 그런데 어떻게 예수님의 제자들이 그런 철저한 감시망을 뚫고 예수님 시신을 훔쳐 갔겠습니까? ○○님, 제 말이 맞습니까? 틀립니까?

다섯 번째, 예수님의 제자들의 놀라운 변화 때문입니다.

2차 세계 대전 때 전쟁터에서 싸우다가 죽은 사람들보다 전쟁으로 인한 두려움과 공포로 죽은 사람들이 더 많았다고 합니다.
실제로 미국에서는 제2차 세계 대전에 나가 전사한 미국 군인들은 **30만** 명이었다고 합니다.
그러나 아들과 남편을 전쟁터에 내보내고 두려움과 염려로 인해 심장병에 걸려 죽은 미국 시민들이 **100만** 명이 넘었다고 합니다.
○○님, 이 얼마나 안타까운 일입니까?
이만큼 **죽음은** 인간에게 있어서 두려움과 공포의 대상입니다.

스승이신 예수님이 당국에 잡혀가시고, 십자가에서 죽게 되자 예수님의 제자인 자신들도 당국자들이 혹시 잡아가지는 않을까 하고 골방의 문을 단단히 잠그고 어떻게 하고 있었다고 했습니까?
로마 병사들이 무서워서 다락방을 꼭꼭 **잠그고** 숨어서 부들부들 떨고 있었다고 했습니다.
이러한 제자들이 예수님의 부활을 **목격한 후** 죽음을 두려워하지 않고 당국자들 앞에서 담대히 복음을 전했습니다.
이렇게 주님의 부활은 죽음의 공포도 그 어떤 것도 막지 못했습니다.
부활은 이처럼 대단한 힘이 있습니다.

여섯 번째, 예수님의 제자들의 순교 때문입니다.

상식적으로 순교는 아무나 할 수 없습니다.
왜냐하면 목숨은 누구에게나 **하나밖에** 없는 소중한 것이기 때문입니다.
그런데 예수님의 제자들이 이 소중한 목숨을 예수님을 위해 순교했습니다.
어떻게 이런 일이 가능했을까요? 예수님의 부활을 **목격했기** 때문에 가능했습니다.
실제로 요한을 제외한 모든 제자는 예수님의 부활을 증거하다가 순교했습니다.
심지어는 제사장의 여종 앞에서 예수님을 부인하던 나약한 베드로조차도 마지막에는 십자가에 **거꾸로** 달려서 순교했습니다. 부활은 이처럼 대단한 힘이 있습니다.
지금도 세계 각처에서 예수님의 부활을 증거하다 순교하는 자들이 많습니다.

마지막 일곱 번째로, 예수님의 부활이 주는 교훈입니다.

언젠가 부처의 뼈가 발견되었다고 인도를 위시한 불교 국가에서는 한동안 떠들썩했습니다
석가모니의 이 유명한 **뼈들은** 잘 진열되어 수백만 인도 사람들의 경의 속에 시가행진에 올랐습니다.
그때 마침 많은 사람들이 그 뼈 앞에 엎드린 것을 지켜보고 있던 한 선교사가 그의 친구에게 이렇게 말했습니다.
만약 저들이 **예수님의 뼈** 하나라도 발견할 수 있었다면 기독교는 산산조각이 나고 말 것이다 했습니다.

○○님, 그렇다면 왜! 선교사님이 예수님의 뼈 하나라도 발견된다면 기독교는 산산조각이 난다고 말했을까요?
그것은 기독교는 세상 종교처럼 죽은 자를 믿는 종교가 아니라 **산 자를** 믿는 종교이기 때문이었습니다.

철학자 키에르케고르는 인생을 이렇게 정의했습니다.
"사형 선고를 받은 죄수들이 감방에 갇혀 있다가 한 사람씩 한 사람씩 **사형의** 현장으로 끌려가는 모습을 바라보면서 자신의 **순번을** 기다리는 것과 같다"고 하였습니다. 순간순간 다가오는 죽음의 공포에 떨며 사는 것이 인생입니다.
코로나로 수많은 사람이 죽음의 공포에 떨고 있듯이 인간의 모든 불안의 저변에는 **죽음의** 문제가 도사리고 있습니다.

그런데 하나님의 아들 **예수님께서** 이런 죽음의 문제를 해결해 주셨습니다.

예수님은 우리의 죄를 위해 십자가에서 피 흘려 죽으시고, 사흘 만에 다시 사심으로 우리에게 부활의 소망을 주셨습니다.

그래서 기독교도는 성탄절도 귀한 날이지만 **부활절이** 더더욱 귀한 날입니다.

성탄절이 예수님께서 인간 구원을 시작하신 날이라면, 부활절은 인간의 **구원을** 완성하신 날입니다.

그래서 부활은 기독교 신앙의 핵심이며 뿌리입니다.

기독교는 처음부터 예수님의 **십자가와 부활**이라는 두 가지 기둥 위에 세워졌습니다.

그래서 예수님을 믿는다는 것은 예수님의 십자가 죽음과 부활을 믿는 것과 같은 것입니다.

예수님은 부활 후 40일 동안 이 세상에 계시면서 1번도 아니고 11번 부활하신 당신을 보여주셨습니다.

그리고 하늘로 올라가셨습니다.

심지어는 부활하신 몸을 한 사람도 아니고 500여 명에 이르는 사람들에게 동시에 보여주셨습니다.

이 예수님의 부활은 전설의 고향같이 꾸며 낸 이야기가 아닙니다. 실제로 있었던 **역사적인** 사건이었습니다.

사람들이 의심 없이 믿는 것이 역사입니다.
역사는 지난 과거이지만 그때 살지 않았어도
그 당시의 사실을 믿습니다.
세종대왕이 **한글을** 만들었습니다.
그러나 우리는 그 시대에 살지도 않았고,
한글을 만든 것도 보지 못했습니다.
그렇지만 우리는 세종대왕이 한글을 만드신 걸
믿을 뿐만 아니라 **자랑스럽게** 여기면서 사용하고 있습니다.
또한 이순신 장군이 12척의 배로 일본 수군의 배
300척 이상을 물리치신 것도 역사적인 사건으로 믿습니다.

그러므로 예수님과 예수님을 십자가에 못 박히게 한 빌라도도 **역사적인** 인물임을 믿어야 합니다.

또한 예수님의 부활이 빌라도가 AD 26-36년에 유대 땅을 다스리고 있을 때 실제 있었던 역사적인 사건이라는 사실도 믿어야 합니다.

우리가 예수님의 부활을 부인하려면,

세종대왕의 한글이나 이순신 장군의 명량대첩도 똑같이 부인해야 합니다.

그런데 왜! 세종대왕의 한글과 이순신 장군의 명량대첩은 인정하면서 예수님의 **부활은** 인정하지 않습니까?

칼 바르트는 부활절 설교는 짧을수록 좋다고 했습니다.

왜냐하면 예수님의 부활은 설명할 필요가 없는 **역사적** 사건이기 때문이라 했습니다.

○○님께서 역사만 인정해도 부활의 주님을 만날 수 있습니다.

○○님께서 역사만 인정해도 영생의 부활에 참여할 수 있습니다.

그리고 부활하신 예수님을 만났다면 이제는 복음을 기다리는 영혼에게 가서 복음을 전해야 합니다.

"예수께서 이르시되 나는 부활이요 생명이니 나를 믿는 자는 죽어도 살겠고 무릇 살아서 나를 믿는 자는 영원히 죽지 아니하리니" (요한복음 11:25-26) 라고 말씀하셨습니다.

부활은 역사적 사실입니다! (요한복음 11:25-26)

기독교를 생명의 종교라고 말합니다.
왜? 기독교를 생명의 종교라고 말할까요?
그것은 인간의 최대 숙제인 죽음을 예수님께서 이기시고 부활하셨기 때문입니다.
예수님은 사망 권세를 깨뜨리시고 우리에게 부활의 소망을 주셨습니다.
예수님은 이 땅에 계시면서 죽은 자를 3명이나 살리신 분이십니다.
그것도 죽은 지 나흘이 지나 냄새 나는 나사로를 살리신 분이십니다.
그런데 정작 예수님께서 살아나지 않았다면 말이 되지 않습니다.
사람들이 예수님의 부활이 역사적 사실임에도 전설의 고향에서나 나오는 이야기처럼 잘 믿으려 하지 않습니다.
그러나 예수님의 부활은 역사적 사실입니다.

사람들이 비교적 의심 없이 믿는 것이 역사입니다.
역사는 지난 과거이고 그때 살지 않았어도 그 당시의 사실을 믿습니다.
세종대왕이 한글을 만들었습니다.
그러나 우리는 그 시대에 살지도 않았고 한글을 만드는 것을 보지도 못했습니다.
그렇지만 우리는 세종대왕이 한글을 만드신 것을 믿을 뿐만 아니라 자랑스럽게 여기면서 사용하고 있습니다.
또한 이순신 장군이 12척의 배로 일본 수군의 300척의 배를 물리치신 것도 역사적인 사건으로 믿습니다.

그러므로 예수님과 예수님을 십자가에 못 박히게 한 빌라도도 역사적인 인물임을 믿어야 합니다.
또한 예수님의 부활이 빌라도가 AD 26~36년에 유대 땅을 다스리고 있을 때 실제 있었던 역사적인
사건으로도 믿어야 합니다.
상식적으로 예수님의 부활을 부인하려면, 세종대왕의 한글이나 이순신 장군의 명량대첩도 똑같이 부인해야 합니다.
그런데 세상 사람들은 세종대왕의 한글과 이순신 장군의 명량대첩은 인정하면서 예수님의 부활은 인정하지 않습니다.
그러므로 우리는 역사라는 공통분모를 가지고 복음을 전해야 합니다.
왜냐하면 예수님도 세종대왕이나 이순신 장군처럼 역사적인 인물이었기 때문입니다.

예수님의 부활에는 죽음이 정복되었다는 메시지가 담겨 있습니다.
역사상 죽음이라는 감옥을 탈출하여 나온 사람은 단 한 사람도 없었습니다.
그렇지만 예수님은 죽음을 정복하시고 무덤에서 당당히 살아 나오셨습니다.
예수님의 부활은 한 번 살아나신 이후 다시는 죽을 필요가 없는 영원한 생명의 부활입니다.
예수님의 부활은 우리에게 영원한 부활의 생명을 보장해 주셨습니다.
그러므로 이렇게 복된 소식이 우리만의 전유물이 되어서는 안 됩니다.
할 수만 있으면 많은 사람에게 전해야 합니다.

"예수께서 이르시되 나는 부활이요 생명이니 나를 믿는 자는 죽어도 살겠고 무릇 살아서 나를 믿는 자는
영원히 죽지 아니하리니 이것을 네가 믿느냐"(요한복음 11:25-26).

01 죄란 무엇인가?

4주 새신자 양육 성경공부

첫째로, 모든 인간에게는 죄의 성품이 있습니다.

모든 사람이 죄를 범하였으매 하나님의 영광에 이르지 못하더니 (로마서 3:23)

사람들 중에는 큰 죄만 죄고, 작은 죄는 죄라 생각하지 않는 사람이 많습니다. 그러나 위의 그림처럼 큰 돌이나, 작은 돌이나 다 물속에 가라앉듯이 큰 죄든 작은 죄든 모든 사람은 다 똑같은 죄인입니다.

○○님 죄 하면 먼저 무엇이 떠오릅니까? 저는 죄 하면 이런 단어가 떠오릅니다. 도적질, 살인, 간음이 먼저 떠오릅니다. 그러나 이러한 행위들은 죄의 결과입니다. 죄의 결과에는 언제나 원인이 있습니다. 그 죄의 원인은 바로 생각(마음)에서부터 시작됩니다

탐심이 점점 커지면 도적질을 하게 됩니다.	미움이 점점 커지면 살인을 하게 됩니다.	음욕이 점점 커지면 간음을 하게 됩니다.

우리 자신을 바라볼 때도 죄의 성품이 많음을 봅니다. 단지 남에게 들키지 않으려 숨겨서 그렇지 다 죄의 성품이 있습니다.

둘째로, 모든 인간은 아담의 원죄를 가지고 태어납니다.

왜 모든 인간은 자신과 상관없이 아담의 원죄를 가지고 태어날까요? 그것은 아담이 하나님 앞에서 인류의 대표요, 인류의 시작이기 때문입니다. 아담이 모든 인간을 대표해서 하나님과 언약을 맺었기 때문입니다.

피겨스케이팅 세계 선수권 대회에서 김연아 선수가 우승했을 때 대한민국의 국기가 올라갑니다. 김연아 선수가 우리나라 전체를 대표했기 때문입니다. 아버지의 신분이 한번 노예이면 그 자녀들도 싫든 좋든 노예의 신분이 될 수밖에 없듯이 우리도 싫든 좋든 아담의 원죄를 물려받았을 수밖에 없습니다.

아담이 에덴동산에서 선악과를 따먹은 것은 아담 개인의 자격으로 행한 것이 아니라 아담 뒤에 태어날 모든 인류의 대표로서 죄를 지은 것이기 때문에 아담의 죄가 우리에게 영향을 미치는 것입니다.

셋째로, 하나님의 축복을 가로막는 죄를 예수님을 믿어 끊어야 합니다.

성공이란 정상을 향해 한 계단 한 계단 올라갔지만
정상에 다 올라갔다 싶으면 이렇게 자꾸 미끄러집니다.

많은 사람들은 죄를 가볍게 여기고, 쉽게 죄를 짓습니다. 그러나 이 죄는 하나님의 복을 가로막는 원인입니다. 그러므로 이 죄를 끊어야 합니다. 그렇지 않으면 하는 일마다 안 되고, 하는 일마다 꼬이게 됩니다. 우리는 종종 내 뜻대로 뭐가 잘 되지 않으면 나도 모르게 이런 말이 툭 튀어나옵니다. "왜 나는 하는 일마다 안 되지? 왜 나는 하는 일마다 꼬이지?" 사람들은 옆의 그림처럼 저마다 성공을 위해 열심히 오릅니다. 그러다가 성공하는가 싶으면 어느 날 갑자기 실패의 나락으로 떨어지고 맙니다. 그래서 하나님의 복을 가로막는 죄를 끊어야 합니다.

하나님의 복을 가로막는 죄를 먼저 끊지 않으면 ○○님의 인생은 다람쥐 쳇바퀴 돌듯이 아무리 노력해도 소용이 없습니다. 그러므로 예수님을 믿어 하나님의 복을 가로막고 있는 이 죄를 끊고 복의 주인공이 되셔야 합니다.
다음은 '조나단 에드워즈'와 '맥스 쥬크'라는 두 가문을 소개해 드리겠습니다. 이 두 가문을 비교하시면서 교훈을 얻었으면 합니다.

조나단 에드워즈는 프린스턴 대학의 총장을 지낸 바 있고 미국의 영적 대각성에 가장 영향을 많이 끼쳤던 인물입니다.
그의 부인 역시 신앙이 훌륭한 사람이었습니다. 어떤 사람이 조나단 에드워즈와 그의 후손을 추적하여 그의 가계를 연구하였는데 직계 후손이 873명이었다고 합니다.
그 가계의 인물들을 살펴보니까 대학 총장을 지낸 사람이 12명, 교수가 65명, 의사가 60명, 성직자가 100명, 군인이 75명, 저술가가 85명, 변호사가 100명, 판사가 30명, 공무원이 80명, 하원의원이 3명, 상원의원이 2명, 미국 부통령이 1명, 그리고 260명이 평범한 신앙인으로 지냈다고 합니다.

한편 조나단 에드워즈에게는 어린 시절을 함께 보낸 맥스 쥬크라는 친구가 있었습니다.
이들은 함께 교회 주일학교에 빠지지 않고 다녔습니다. 그러나 맥스 쥬크는 어느 날인가부터 믿음을 잃어버리고 교회를 떠나 방탕한 생활로 빠지게 되었습니다. 그러다가 신앙이 없는 여자와 결혼해서 자녀들을 두었습니다.
조나단 에드워즈를 연구했던 사람은 그의 친구인 맥스 쥬크의 후손들도 추적해 보았습니다.
그의 후손은 1,292명이었는데 그 가운데 유아 사망 309명, 거지 310명, 지체장애인 440명, 매춘부 50명, 도둑 60명, 살인자 70명, 별 볼일 없이 산 사람이 53명이라는 조사 결과가 나왔습니다.
조나단 에드워즈와 맥스 쥬크는 어릴 때는 똑같이 교회 주일학교를 다녔습니다. 그런데 왜 이렇게 현격히 차이가 날까요?
그 결정적인 차이는 결혼하여 함께 생활한 부인에게 신앙이 있고 없고의 차이였습니다. 이렇게 신앙은 중요합니다.

흔히 성공한 부자 민족 하면 떠오르는 민족이 유대인입니다.
유대인은 전 세계에 약 1,600만 명이 살며 남한 인구의 1/3 밖에 되지 않습니다. 그리고 국가 면적은 경기도와 강원도를 합친 정도입니다.
유대인들은 세계 인구의 0.2%밖에 되지 않습니다. 그러나 모든 분야에서 두드러진 영향력을 미치고 있습니다.
미국의 유명한 대학인 프린스턴 대학, 하버드 대학의 교수 중 25~35%가 유대인입니다. 그리고 노벨상 수상자의 약 1/4이 유대인입니다.
경제학 분야에서 65%, 의학 분야에서 23%, 물리학 분야에서 22%, 화학 분야에서 12%, 문학 분야에서 8%가 노벨상을 받았습니다.
또한 록펠러, 워런 버핏, 스피노자, 마르크스, 프로이트, 에리히 프롬, 아인슈타인, 스티븐 스필버그, 빌 게이츠, 조지 소로스 등
우리에게 익숙한 유명한 인물들이 모두 유대인입니다. 그리고 미국의 상위 400가족 중에 24%, 최상위 40가족 중에 42%입니다.
세계인의 0.2%도 되지 않는 유대인이 전 세계 정치, 경제, 사회, 문화 등 세계의 요직을 두루 장악하고 있습니다.
그들은 어떻게 해서 성공을 하고 부자가 되었을까요? 무엇이 그들을 특별하게 만들었을까요?
세상을 지배하는 그들만의 지혜는 무엇일까요? 그것은 구약성경을 기반으로 한 탈무드 교육과 실천입니다.

넷째로, 죄는 분명히 대가가 있습니다.

죄는 반드시 대가가 있습니다. 주차를 위반하면 몇만 원의 벌금을 내야 합니다.
특수폭행죄를 저지르면 천만 원 이하의 벌금이나 5년 이하의 징역을 살아야 합니다.
이처럼 세상의 죄도 저마다 정해진 죄의 대가가 있습니다.
마찬가지로, 성경에도 죄의 대가로 두 가지 죽음이 있다고 말씀하고 있습니다.
첫 번째 죽음으로 육과 영의 분리를 말하는 육체의 죽음이 있습니다.
그리고 두 번째 죽음이 있습니다. 이 두 번째 죽음은 다른 말로 사망이라고 합니다.
이 두 번째 죽음인 사망은 하나님과 분리되어 지옥에서 영원히 사는 삶을 말합니다.

즉, 행복한 천국에서 하나님과 함께 살지 못하고 하나님과 분리되어서 영원히 지옥에서 고통을 받으며 사는 것을 둘째 죽음인 사망이라고 말합니다. ○○님은 이 지옥에 절대 가면 안 됩니다. 말로 표현할 수 없는 영원한 고통의 세계이기 때문입니다.

무신론자는 아무 종교도 믿지 않는 사람을 말합니다. 그런 무신론자인 리치와 볼테르가 지옥에 대해 다음과 같이 말했습니다.
먼저 리치는 "영원히 끔찍한 지옥에 가는 것보다 난로 위에서 백만 년 동안 고통받는 것이 더 낫다"라고 했습니다.
또한 이러한 지옥이기에 철학자이자 무신론자인 볼테르도 "나는 차라리 태어나지 말았어야 해"라고 외치며 처절하게 죽어갔습니다.
무신론자이면 아무 종교를 믿지 않기 때문에 지옥이 이러니저러니 굳이 이런 말을 할 필요가 없습니다.
그런데도 그들이 이런 말을 했다는 것은 지옥에 대한 어떠한 실체를 보았기 때문이 아니겠습니까?
○○님, 제 말이 맞습니까? 틀립니까?
천국의 아름다움을 한마디로 나타낼 수 없듯이 지옥의 고통도 인간의 언어로서는 표현할 수 없습니다.
예수님은 이런 지옥에서 ○○님을 구원하시려고 이 땅에 오셨습니다. 지금부터는 그 예수님에 대해서 살펴보도록 하겠습니다.

02 예수님은 누구신가?

4주 새신자 양육 성경공부

첫째로, 구약의 예언대로 오신 분이십니다.

이 그림은 무슨 꿈인 것 같습니까?

태몽은 굉장히 미스터리 하면서도 재미가 있습니다. 태몽이란 잉태에 관한 여러 가지 조짐을 알려주는 꿈이라서 각자가 다릅니다. 또한 임산부뿐 아니라 조부모 등 가까운 친척도 꿀 수 있습니다. 태몽은 평소에 꾸는 꿈과는 다릅니다. 깨어나서도 생생하게 기억나는 것이 가장 큰 특징이며 때로는 너무나 강력하고 생생해서 몇십 년이 지나도 꿈의 느낌이나 줄거리 등을 말할 수 있습니다. 그리고 이 꿈은 사람에게는 일생일대 한 번 꾸는 꿈입니다. 이에 비하면 예수 그리스도의 탄생은 구약성경에 무려 300번 이상이나 기록되었습니다. 그리고 예수님의 탄생과 일생은 철저히 성경의 예언대로 그대로 이루어졌습니다.

그 중에서도 중요한 29개의 예언은 예수님이 돌아가시던 날 하루에 다 이루어졌습니다. 그리고 예수님에 대한 예언은 1,500년에 걸쳐서 예언되었습니다. 그리고 1,500년이 넘는 세월 동안 오실 그리스도에 대해서 기록되었습니다. 보통 한 사람에게 한두 가지는 우연히 일치할 수 있지만 예수님처럼 300번 이상이나 일치하는 것은 불가능합니다. 예를 들면 예수님의 출생지, 예수님의 신성과 인성, 예수님의 사명과 직책, 예수님의 고난, 유다의 배신과 그 대가로 받은 금액, 비웃음과 침 뱉음, 병사들이 그분의 옷을 취하기 위해 제비뽑기 등입니다.

둘째로, 예수님은 역사를 주전과 주후로 나누셨습니다.

이 세상 거의 모든 사람은 예수님을 싫어하든 좋아하든 예수님의 생일을 기준으로 자신의 출생 연월일을 정합니다. 세계 인류가 흘러온 역사를 기록으로 남기기 위해 예수님의 생일을 기준으로 주전인 BC와 주후인 AD로 구분하였습니다. 즉 당시 세계를 제패하고 가장 영향력을 발휘하던 그 위대한 로마 제국이 그들의 역사의 주인을 예수님으로 결정했습니다.

셋째로, 예수님은 인성과 신성을 동시에 소유하셨습니다.

이 그림은 예수님이 신성과 인성을 동시에 가지셨다는 의미입니다. 신성은 완전한 하나님이라는 의미이며, 인성은 완전한 인간이라는 의미입니다. 즉 예수님은 100% 신이시고 100% 인간이라는 뜻입니다. 그리고 성령으로 잉태되셨다는 것은 '완전한 하나님'이시라는 것이며, 동정녀 마리아에게서 탄생하셨다는 것은 '완전한 인간'이라는 것입니다.

넷째로, 예수님은 성령으로 잉태되셔서 죄가 전혀 없으십니다.

원래 사람은 남자와 여자를 통해서 생명이 태어납니다. 그런데 예수님은 결혼도 하지 않은 처녀의 몸에서 성령으로 잉태되셨습니다. 성령으로 잉태되셨다는 말은 일반적으로 사람이 태어나는 방식과는 다름을 말합니다. 또한 성령으로 잉태되었다는 것은 인간의 능력 밖의 일이라는 말입니다. 또한 이 말은 하나님만 하실 수 있는 일이라는 말입니다. 성령으로 잉태된다는 것을 인간이 다 이해할 수 없습니다. 그래서 성경은 이 부분에 대해서는 과학적으로 상세하게 설명하지 않고 우리의 믿음을 요구하고 있습니다.

또한 중요한 진리는 예수님은 완전한 인간이시지만 성령으로 잉태되셨기 때문에 인간의 죄를 물려받지는 않으셨습니다.
따라서 예수님은 이 세상에 태어나고 살았던 모든 사람 중에서 유일하게 죄가 없는 인간으로 사셨습니다.
마태복음 1장에서 마태는 예수님의 족보를 아주 독특한 방식으로 기록하였습니다. 예를 들어 "아브라함이 이삭을 낳고 이삭이 야곱을 낳았다"라는 식입니다. 그러나 예수님의 출생에 대해서는 다음과 같이 기록하였습니다.
요셉에게서가 아니라 "마리아에게서 그리스도라 칭하는 예수가 나시니라"(마태복음 1:16)고 했습니다. 이 말은 예수님은 남자의 후손이 아닌 여자의 후손으로 태어나셨기 때문에 아담의 원죄를 물려받지 않아서 죄가 전혀 없는 분이시라는 것입니다.

다섯째로, 예수님은 죄를 사해 주는 하나님이셨습니다.

예수께서 그들의 믿음을 보시고 이르시되 이 사람아 네 죄 사함을 받았느니라 하시니(누가복음 5:20)

예수님은 여자의 후손이라 아담의 죄를 물려받지 않아서 죄가 전혀 없는 분이십니다.
또한, 죄가 전혀 없는 거룩한 천사를 만드신 하나님이십니다. 그런데 죄가 없는 천사를 만드신 하나님이 죄가 있다면 말이 되겠습니까? 그래서 마가복음 2장 5절을 보면, 예수님은 자신이 죄를 사함 받는 대상이 아니라 죄를 사해 주시는 주체가 되심을 보여주셨습니다.
중풍병자에게 "네 병이 나았다"가 아니라 "네 죄가 사함을 받았다"라고 선언을 하셨습니다.
이것은 하나님이 아니고서는 할 수 없는 권세입니다.

이런 것을 볼 때 예수님은 하나님으로서 죄를 사해 주시고 우리를 구원해 주실 수 있는 신성을 소유하신 하나님 되심을 알 수 있습니다. 이뿐 아니라 예수님께서 이루신 속죄는 영원한 속죄입니다.
다시 말씀드리면 과거와 현재의 죄는 물론 미래의 죄까지 모두 다 용서하시는 완벽한 속죄입니다.
우리를 위한 예수님의 속죄가 영원히 지속될 수 있는 것은 예수님께서 영원히 살아 계시기 때문입니다.

여섯째로, 예수님은 왜 인간으로 오셔야만 했을까요?

모든 종교와 모든 사람은 좋은 곳으로 가기 위해서 죄를 씻는다고 했습니다.
그러나 죄는 우리가 착하게 살고 도덕적으로 산다고 해서 없어지는 것이 아닙니다.
성경은 이 죄가 피흘림의 죽음을 통해서만 없앨 수 있다고 말씀하셨습니다.
히브리서 9장 22절에 "피흘림이 없은즉 사함이 없느니라"라고 말씀하고 있습니다.
곧, 피흘림의 죽음이 아니고서는 죄를 해결할 수 없다는 것입니다.
그러면 누가 인간의 죄를 대신해서 피 흘려 죽을 수 있을까요? 누가 자격이 될까요?
인간은 다 똑같은 죄인이라 자격이 안 됩니다.
이해 비해 천사는 죄는 없지만 인간이 아니라서 안 됩니다.

그렇다면 인간의 죄를 위해 누가 대신 피 흘려 죽을 수 있을까요? 누가 자격이 될까요?
인간은 다 똑같은 죄인이라 자격이 안 되고, 천사는 죄는 없지만 인간이 아니라서 안 되고,
신 역시 인간의 죄를 대신해서 죽을 수 있는 첫 번째 조건인 죄가 없어야 한다는 조건은 되는데 다른 한 가지 조건이 안 돼서 안 되고,
그렇다면 누가 그 나머지 한 가지 조건을 온전히 충족해 주실 수 있을까요? 그분은 바로 예수님이십니다.
원래 신은 신이라서 죄가 없으므로 자격이 되지만, 한 가지 조건 때문에 안 됩니다.
그것은 신은 인간처럼 피 흘릴 수도 없고, 인간처럼 죽을 수도 없기 때문이었습니다.
그래서 하나님 되시며 죄가 전혀 없으신 예수님께서 인간을 구원하시기 위하여 인간의 몸이 되시고 이 땅에 오셔서 인간을 대신하여 십자가에서 피흘려 죽으심으로 인간의 죄를 다 사해 주셨습니다.
그러므로 이 복음을 믿는 자들에게는 죄 사함의 복이 주어집니다.

일곱째로, 기독교는 예수님이 대신 죽어 준 종교입니다.

기독교는 대속의 종교입니다.
즉 대신 죽어 준 종교를 뜻합니다.
그러면 누가 대신
죽었느냐!는 것입니다.

그래서 우리는 이 예수님을 단지 믿기만 하면
예수님의 십자가 공로로 지옥에 가지 않고
천국에 갈 수 있습니다.

구약 시대에는 양이나 소와 같은 짐승이 인간의 죄를 대신해 제물이 되어 죽었습니다. 인간의 목숨은 하나인데 죄를 지을 때마다 죽을 수가 없기에 짐승이 인간을 대신해서 제물이 되어 죽었습니다.
이렇듯 짐승이 인간을 대신하여 피를 흘려 죽었듯이 예수님도 십자가에서 우리의 죄를 대신하여 피흘려 죽으심으로 단번에 우리의 죄를 탕감해 주셨습니다.

이 세상 많은 종교와 많은 사람은 죄를 씻어 좋은 데 가기 위해서 이렇게 고행과 수행을 합니다.
즉 하나님의 은혜가 아닌 인간의 힘과 노력으로 천국에 가려고 합니다.
그러나 기독교는 인간의 힘이나 노력으로 구원을 얻는 종교가 아니라 예수님이 다 이루어 놓으신 구원을 믿음으로 얻는 종교입니다.

여덟째로, 영생을 얻으려면 예수님을 영접해야 합니다!

이것은 마음을 의미하는 그림입니다.

이 문의 특징은 밖에서는 절대 열 수 없고 안에서만 열 수 있습니다. 그것은 손잡이가 안에만 있기 때문입니다. 예수님은 ○○님의 마음의 문을 억지로 열지 않습니다. 왜 그럴까요? 그것은 ○○님의 의사를 존중하기 때문입니다. 어떤 사람이 심장에 병이 생겨서 죽는다고 가정해 봅시다. 그런데 감사하게도 기증자가 나타났습니다.
그러나 맘대로 수술을 할 수 없습니다. 기증받는 자의 동의서가 있어야 합니다. 환자가 수술을 거부하면 어쩔 수 없습니다.
수술을 받기만 하면 생명을 보장받는데도 본인이 싫으면 어쩔 수 없습니다.

마찬가지로 예수님은 마음의 문만 열면 구원을 주겠다고 약속했는데 ○○님께서 거부하면 심장병 환자처럼 어쩔 수가 없습니다. 그래서 구원의 초청을 받아들이고 안 받아들이고는 온전히 ○○님에게 달렸습니다.

누가 로또 1등 티켓을 공짜로 준다면 ○○님은 어떻게 하시겠습니까?
적극적으로 취해야겠지요? 보안상 이름을 밝히지 않은 뉴질랜드의 한 남성이 친척으로부터 생일 선물로 로또를 받았는데 이 로또가 1등 당첨이 되었습니다. 1등 당첨금이 얼마나 되었을까요? 60억의 로또였습니다.
만약 이 사람이 로또의 당첨 비율이 낮다고 성의를 거절하였다면 60억의 당첨금 주인공이 되지 못했을 것입니다. 복음을 거절하는 것도 이와 똑같습니다. 그러므로 복음을 절대 거절하면 안 됩니다.
하나님은 지금 ○○님을 애타게 부르시고 또한 기다리고 계십니다.

그런데도 복음을 계속 거절하다 보면 언젠가 하나님의 부르심도 멈추고, 교회의 문도 닫히고, 전도자의 전도 문도 닫힐 때가 옵니다. 그러므로 살아 있을 때 예수님을 영접해야 합니다. 죽은 다음에는 두 번 다시 기회가 없습니다.

4주
새신자 양육
성경공부

성령님은 누구신가?

하나님은 환경과 상관 없이 믿음과 순종에 따라 복을 주십니다.
구약성경에 나오는 이삭이 대표적인 인물입니다.
이삭은 하나님께서 가나안을 떠나지 말라고 명령하실 때 그 명령에 순종하였습니다.
사람들은 흉년으로 가나안 땅을 다 떠나갔지만 이삭은 오히려 혼자 남아서 믿음으로 씨앗을 뿌렸습니다.
사람들이 비웃든 말든 하나님의 말씀에 무조건 순종하였습니다.
그러자 하나님께서 이삭의 믿음과 순종을 보시고 기근 가운데에서도 그 해에 백배의 결실을 얻게 하셨습니다.
(창세기 26:12)

우리도 하나님의 복을 받으려면 이삭처럼 전적으로 순종해야 합니다.
그렇다면 우리가 무엇을 받기 위해 순종해야 할까요? 그것은 성령 받기 위해서 전적으로 순종해야 합니다.

왜 예수님께서는 하늘로 승천하시면서 제자들에게 성령님을 받기까지 예루살렘을 떠나지 말라고 부탁하셨을까요?
사실 그때 제자들은 예루살렘을 빨리 떠나고 싶었습니다. 왜냐하면, 예루살렘 성안에는 예수 믿는 사람들을 환영하지 않고 적대적이고 핍박하며 잡아 죽이려고 하는 사람들이 가득했기 때문이었습니다.
그런데 예수님은 왜 그렇게 적대적이고 위험한 도성에서 기다리라고 말씀하셨을까요?
그것이 불편하고 위험하지만, 제자들이 승리하기 위해서는 꼭 받아야 할 것이 있기 때문입니다.
예수님은 우리를 위하여 생명까지도 다 주신 분이십니다.
그런데 예수님이 꼭 받아야 한다고 말씀하셨다면 우리에게 얼마나 중요한 것이겠습니까?
그리고 주님은 오늘을 살아가는 우리에게도 그 당시 제자들에게 말씀하신 것처럼 성령 충만 받을 것을 강조하고 있습니다.
그렇다면 이 중요한 성령님은 어떤 분이실까요?
성령님에 대해서 자세히 설명하려면 너무 많은 시간이 필요하기에 간단히 몇 가지만 설명해 드리겠습니다.

첫째, 성령님은 영으로 오신 하나님이십니다.
예수님은 육으로 오신 하나님이시고, 성령은 영으로 오신 하나님이십니다. 이 말은 성령님도 곧 하나님이시라는 것입니다.
육으로 오신 예수님은 공간의 제한을 받으셨는데, 영으로 오신 성령님은 공간의 제한을 받지 않으시는 하나님이십니다.
그리고 예수님을 구주로 영접한 자들에게 천국 가는 그날까지 영으로 마음속에 늘 거하고 계십니다.
둘째, 성령님은 성경의 저자이십니다. 성경은 성령의 감동으로 기록된 책입니다.
그것은 성경의 저자이신 성령님의 감동이 있어야 하기 때문입니다.
셋째, 성령님의 중요한 사역 중의 하나는 사람들이 예수님을 구주로 믿게 하시고 영접하도록 하십니다.
넷째, 성령님은 믿는 자들에게 은사를 주십니다.
예를 들어 방언과 예언과 통변의 은사 등등을 주십니다. 이번 십자가 경험을 통해 이 성령의 은사를 받으시기 바랍니다.
마지막 다섯째는 성령님은 거듭나게 하십니다. 거듭남이라는 말은 영적으로 새롭게 태어난다는 뜻입니다.
이 말의 뜻은 하나님께로부터 새로 태어나는 것을 말합니다.
마귀의 자녀에서 하나님의 자녀로, 죄의 종에서 의의 종으로 신분이 바뀝니다.
그리고 영적인 눈이 열려서 영적인 세계가 보이고, 경험하게 됩니다.
어떻게 내가 거듭났는지를 알 수 있을까요?
다음과 같은 것으로 알 수 있습니다.

❶ 말씀이 들리고, 믿어지고, 깨달아집니다.
❷ 믿음으로 영적인 세계가 보입니다.
❸ 죄를 미워하고 회개하게 됩니다.
❹ 하나님과 기도를 통하여 교제하게 됩니다.
❺ 하나님께 예배를 드리게 됩니다.
❻ 마귀와 영적 전쟁을 합니다.
❼ 영적인 기쁨과 행복을 누리고 체험을 합니다.
❽ 예수님을 전하려는 전도의 마음이 생깁니다.

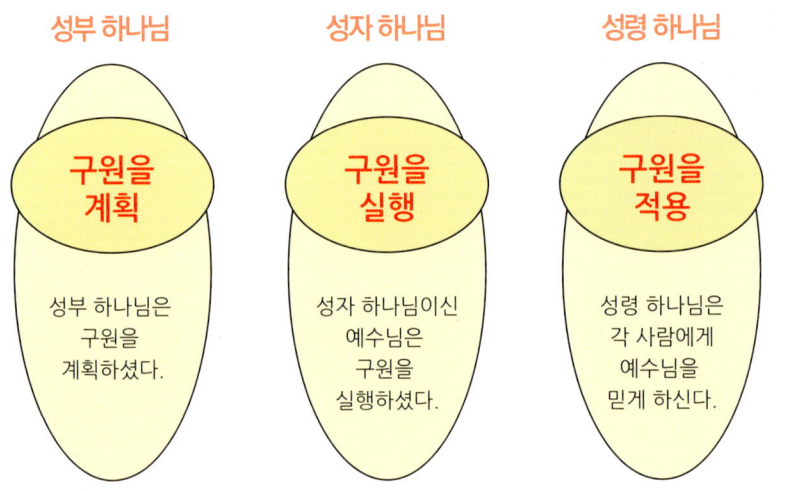

어느 교회의 목사님이 미국에 있는 교회에서 부흥회를 인도해 달라고 하여 갔다고 합니다.
처음으로 미국까지 와서 부흥회를 하는데 너무나도 떨리고 흥분이 되어 잠이 오지 않아 호텔에서 가난한 심령으로
기도를 드렸다고 합니다.
"하나님, 나는 바보입니다. 나는 바보입니다. 나는 바보입니다. 다른 사람처럼 공부도 많이 못하고 다른 사람처럼 학위도
많지 않고 다른 사람처럼 지위와 명예도 없는 나는 바보입니다"라고 했습니다.
그러자 하나님께서는 "알아…. 알아. 네가 바보인 줄 내가 알고 있다"라고 대답해 주셨습니다.
깜짝 놀랐습니다. "하나님, 내가 바보인 것을 하나님이 아십니까?"
"안다, 네가 바보인 줄 안다. 그러나 너를 사용하는 나는 바보가 아니다." 그 말에 목사님은 말할 수 없는 용기와 힘을 얻었습니다.
나는 바보지만 나를 사용하시는 하나님은 바보가 아니시라는 것입니다.
마찬가지로 우리들 속에 계시는 하나님의 성령은 바보가 아닙니다.
하나님의 성령은 지혜의 영이요, 총명의 영이요, 모략의 영이요, 재능의 영이요, 지식의 영이요,
여호와를 경외케 하는 영이요, 거룩한 영인 것입니다.
이 성령께서 우리를 가르치시고, 우리를 깨닫게 하시고, 우리를 기억나게 하시고, 우리를 꾸짖으시고, 우리를 위로하시고,
우리를 인도하여 주시는 것입니다.
이러므로 성령님이 우리 안에 거하시면 보통 사람이 아닙니다.
무능력한 사람이 아닙니다. 하나님의 능력으로 옷 입힘을 받게 되는 것입니다.

찰스 스윈돌은 "죄를 슬퍼하는 사람은 너무나 많지만, 성령으로 충만한 사람은 극소수이다.
성령 충만하지 못하면 하나님께서 우리에게 예비하신 최선을 놓칠 수밖에 없다"라고 말했습니다.

4주
새신자 양육
성경공부

십자가 경험을 위한 수련회! (준비)

바울의 십자가 경험 : 사도 바울은 기독교 역사상
가장 중요한 인물 중 한 명입니다.
사도 바울은 회심하기 전에 기독교인들을 심하게
박해했던 자였습니다.
그런 그가 이름이 바뀌었고 예전에 박해했던
예수를 지키는 자가 되었습니다.
그리고 변화된 후에는 결혼도 하지 않고 평생을
예수님을 전하다가 로마에서 순교하였습니다.
무엇이 그의 마음을 변화시켰을까요? 대답은 간단합니다.
그가 십자가를 경험했기 때문이었습니다.
십자가 경험은 예수님과의 특별한 만남입니다.
그리고 성령의 수련회입니다.
그렇다면 십자가 경험이란 무엇인지 몇 가지만
간단하게 살펴보겠습니다.

첫째, 십자가 경험은 죄에서 해방의 자유를 누리는 시간입니다.
"그가 찔림은 우리의 허물 때문이요 그가 상함은 우리의 죄악 때문이라"(이사야 53:5). 인간은 스스로를 구원할 수 없습니다.
혼자 힘으로 자신이 빠진 허물과 죄악의 웅덩이에서 빠져나올 수가 없습니다.
그리스도의 희생으로만이 우리는 사망의 늪에서 건짐을 받을 수 있습니다.
예수님은 우리의 허물을 위하여 대신 찔리셨습니다. 허물이 무엇입니까? 모르고 지은 죄를 허물이라고 합니다.
예수님은 우리가 모르고 지은 죄까지 짊어지고 죽으셨습니다.
죄악에 대한 심판을 피할 길은 십자가의 은혜밖에 없습니다.
아직까지 죄에서 자유함이 없으시다면 이번 십자가 경험의 수련회를 통해서 죄에서 해방의 자유를 누리시기 바랍니다.

둘째, 십자가 경험은 평안을 누리는 시간입니다. 십자가를 경험하는 것은 평안을 누리며 사는 것입니다.
"징계를 받으므로 우리는 평화를 누리고"(이사야 53:5).
주님은 내가 너희에게 주는 평안은 세상이 주는 것과 같지 않다고 말씀하셨습니다.
그러므로 이 평안은 풍랑 속에서도 누릴 수 있는 평안이고,
재수, 삼수를 하면서도 누릴 수 있는 평안이고, 실패의 쓴잔에도 누리는 평안이고,
진급 심사에서 떨어졌어도 누릴 수 있는 평안이고, 질병 가운데서도 누릴 수 있는 평안입니다.
○○님, ○○님 안에 이 평안이 있습니까? 이 평안은 그냥 주어진 것이 아닙니다.
예수님이 징계를 받으셨기 때문에 저와 ○○님이 평안을 누리게 되는 것입니다.
아직까지 이 평안을 누리지 못하셨다면 십자가 경험의 수련회를 통해서 꼭 경험하시기 바랍니다.

셋째, 십자가 경험은 질병을 고침 받는 시간입니다.
십자가를 경험하며 사는 사람은 질병 가운데서도 고침을 받습니다.
"그가 채찍에 맞으므로 우리는 나음을 받았도다"(이사야 53:5)라고 했습니다.
예수님은 십자가에 달려 죽으실 때 우리의 죄와 허물만을 짊어지시고 돌아가셨습니다.
또한 예수님은 십자가에 달려 죽으실 때 우리의 질병과 연약함을 친히 담당하시고 돌아가셨습니다.
예수님께서 우리의 죄를 위해 흘리신 보혈이 100% 효력이 있듯이
예수님께서 우리의 질병을 흘리신 보혈도 100% 효력이 있습니다.
그러므로 이번 십자가 경험의 수련회를 통해서 놀라운 치유의 역사를 체험하시길 바랍니다.

넷째, 십자가 경험은 승리를 얻는 시간입니다.
십자가의 진리는 지성적으로 아는 것이 아니라 영적으로 믿고 받아들여야 합니다.
십자가는 배워서 아는 것이 아니며 믿음의 대상이며 믿을 때만 강하게 역사합니다.

1219년에 덴마크의 왈뎀카 왕은 군대를 이끌고 적군과 싸우러 나갔습니다.
이길지 질지 모르는 불안한 가운데 왕은 하나님께 기도했습니다.
"하나님, 이 전쟁을 하나님께 맡깁니다."
그런데 갑자기 하늘에 십자가가 나타나 보였습니다. 왕은 그 십자가를 보고 용기를 얻었습니다.
전쟁에서 승리할 것을 확신하고 싸운 결과 큰 승리를 거두었습니다.
그래서 그 후로부터는 전쟁 때마다 붉은 바탕에 흰 십자가를 그린 국기를 만들어 앞세우고 나가 승리를 하였다고 합니다.
예수 그리스도의 십자가를 바라보고 나아가는 자는 승리자가 될 수 있습니다.
그러므로 어떤 상황에 있다 할지라도 낙심하거나 절망하지 마시기 바랍니다.
예수 그리스도의 십자가를 붙잡고 나아가면 하나님께서 반드시 승리하도록 역사하실 줄 믿습니다.
그렇습니다. 십자가는 승리를 상징합니다. 십자가를 믿는 사람은 이 세상에서 승리하며 살아갈 수 있습니다.
질병과 싸워 이겨서 건강한 삶을 살고, 가난, 저주와 싸워 이겨서 풍족한 삶을 살고,
죄악과 싸워 이겨서 의로운 삶을 살고, 모든 시험, 유혹과 싸워 이겨서 승리의 삶을 살 수 있습니다.
이 세상에서 승리하기 원하십니까? 이번 십자가를 경험하는 수련회에 참석하셔서 승리의 삶을 더욱 맛보시길 바랍니다.

다섯째, 십자가 경험은 성령님께서 특별히 역사하는 시간입니다.
십자가 경험은 바로 성령의 역사가 강하게 기름 부어지는 시간이며 또한 예수님과의 특별한 만남입니다.
십자가 경험은 성령의 세례를 받는 시간입니다. 그러므로 정말 사모하는 마음으로 이 십자가 경험을 준비하고 참여해야 합니다.
이 십자가 경험을 통해 ○○님 안에 있는 모든 죄가 용서받게 될 것이며 또 죄로 인해 임했던 모든 저주와 상처와 질병과
가난의 문제들이 끊어지고, 치유되며, 회복될 것입니다.
이 십자가 경험을 참여하는 사람들은 인생의 방향성을 알게 되고, 삶에 하나님의 목적하신 바가 무엇인지 깨닫게 됩니다.
하지만 이 십자가 경험을 통해 성령의 강한 역사와 인생의 방향과 하나님의 목적을 경험하기 위해서는 준비가 필요합니다.
그냥 구경꾼처럼 참여해서는 아무 의미가 없습니다. 은혜받기 위해서 성령을 사모하는 자가 되어야 합니다.

여섯째, 십자가 경험은 비전을 발견하고 비전을 받는 시간입니다.
하나, 이 십자가 경험을 위해서 ○○님의 시간적인 헌신이 온전히 필요합니다.
둘, 이 십자가 경험을 위해서 간절한 기대와 사모함의 마음이 필요합니다.
셋, 이 십자가 경험을 하는 동안에 ○○님의 치유와 회복을 위해 기도가 필요합니다.
즉 십자가 경험을 통해 하나님으로부터 치유와 회복을 위해서 기도해야 합니다.
그리고 마지막으로 이 십자가 경험을 하는 동안에 방해받지 않도록 기도해야 합니다.

일곱째, 십자가 경험은 비전을 발견하고 비전을 받는 시간입니다.
동물 중에 하늘을 못 보는 동물은 뱀입니다. 뱀은 사단을 상징합니다. 그래서 사단은 뱀과 같은 특징이 있습니다.
사단은 뱀처럼 이 세상의 현실만 보게 하고 꿈과 비전을 꿈꾸지 못하게 합니다.
그래서 사단은 우리의 삶이 항상 오늘도 내일도 미래도 없고 오늘과 똑같기를 원합니다. 그리고 현실만을 말하게 합니다.
그러나 하나님의 성령은 꿈을 말하게 하시고 비전을 말하게 하시고 믿음만을 말하게 하십니다.
우리가 오늘의 이런 모습일지라도 우리의 미래를 바꾸기 원하시기 때문입니다.
그런데 이것은 내가 꿈을 꾸고 싶다고 되는 것이 아니라 성령이 충만할 때 일어나는 것입니다.
성령은 소망의 영이요 비전의 영이기 때문입니다. 그러므로 성령의 세례를 꼭 받아야 합니다.

십자가 없는 승리, 십자가 없는 축복, 십자가 없는 행복은 기독교가 아닙니다.
아무리 감동적인 영화도 영화관에서만 감동을 받고 생활과 전혀 무관하다면 나와는 관계가 없는 영화입니다.
예수님의 십자가 사건은 인류 역사상 최대의 감동적인 사건입니다.
그런데 그 사건을 역사적 사건으로만 알고 자신과는 전혀 상관없이 살아간다면 십자가는 아무런 의미가 없습니다.
십자가 사건을 내 사건으로 믿을 때 인생이 달라집니다.
십자가의 사건이 나의 사건임을 믿을 때 십자가의 능력은 삶의 구석구석까지 영향을 미치게 됩니다.

3주 리더
성경공부

큐티(QT)란 무엇인가!

3주 리더 성경공부 01

> "그는 시냇가에 심은 나무가 철을 따라 열매를 맺으며 그 잎사귀가 마르지 아니함 같으니 그가 하는 모든 일이 다 형통하리로다"(시편 1:3).

1. 큐티의 유래

세계를 변화시킨 영적인 운동들이 여럿 있었지만, 그 중에 하나로 1882년 영국 케임브리지 대학의 후퍼와 소튼 등 7명의 학생들이 중심이 되어 시작한 경건의 훈련이 있었습니다.
이들은 자신들이 그리스도인임에도 불구하고 마음과 생활이 세속적인 것으로 가득차 있는 것을 발견하고, 기도하면서 해결 방법을 찾기 시작했습니다.
그들이 거룩함을 유지하기 위해서 찾아낸 방법은 매일 얼마의 시간을 성경 읽기와 기도로 보내는 것이었습니다.
그들은 이것을 경건의 시간인 큐티라고 불렀으며 경건의 시간을 기억하자는 구호를 외치며 신앙생활을 해 나갔습니다.
결국, 이들 케임브리지의 7인은 모두 중국 선교사로 헌신했고 평생을 하나님과 동행하면서 사역을 했습니다.
이후로 이들의 경건 방법이었던 큐티는 많은 사람이 사용하게 되었고, 이를 통해 많은 영적 능력이 나타나게 되었습니다.
이것이 수많은 선교사, 설교자, 사역자들의 영성을 뒷받침하는 경건 훈련의 방법인 큐티(QT)의 역사입니다.

큐티는 밥 먹듯이

말씀 묵상을 보통 경건의 시간 또는 영어로 QT(Quiet Time)이라고 합니다.
매일 정해진 시간에, 정해진 말씀을 읽으며 그날그날 하나님께서 하시는 말씀을 따라가고 적용하는 것을 말합니다.
사람은 영적인 존재이기 때문에 영적 음식을 먹어야 합니다.
영적 음식이란 바로 하나님의 말씀을 의미합니다.
그리고 먹는다는 것은 그 말씀을 매일매일 묵상하는 것을 말합니다.
우리의 인생이 형통하고, 평안한 길로 인도함을 받으려면 큐티를 통해 매일매일 묵상하는 훈련을 해야 합니다.

시편 1편 3절은 말씀 묵상하는 사람을 복 있는 사람이라고 했습니다.
"그는 시냇가에 심은 나무가 철을 따라 열매를 맺으며 그 잎사귀가 마르지 아니함 같으니 그가 하는 모든 일이 다 형통하리로다"라고 했습니다.

2. 큐티의 유익

큐티는 하나님과 만나는 시간입니다. 그래서 즐겁고 행복한 시간이 되어야 합니다.
청와대의 대통령을 우리가 만나고 싶다고 해서 쉽게 만날 수 없습니다.
평범한 사람이 대통령을 만나기란 결코 쉽지가 않습니다.
세상 종교를 한번 보십시오. 그들의 신을 만나기 위해서 얼마나 정성을 쏟습니까?
그러나 그들은 아무리 정성을 쏟아도 만날 수 없습니다.
왜 그렇습니까? 그들이 찾는 신은 죽은 신이기 때문입니다.
그러나 하나님은 살아계시고 우주 만물을 지으신 전능하신 분이십니다.
그리고 우리의 과거 현재 미래를 다 아시는 분이십니다.
이렇게 완전하신 하나님이 개인적으로 만나주시고 교제하기를 원하신다고 하니 얼마나 영광이겠습니까?
그런데 부담이 되면 되겠습니까? 큐티는 성경공부가 아닙니다. 큐티는 숙제가 아닙니다.
큐티는 하나님과 데이트하는 시간입니다.
'하나님과 데이트한다'라고 마음을 먹어야 큐티가 부담이 없고 즐거운 시간이 될 수 있습니다.
또한 큐티를 하게 되면 하나님의 뜻을 더 잘 알게 되고, 마음이 풍성하고 부유하게 되고, 마음이 새로워지는 은혜가 있습니다.
이렇게 큐티는 귀한 시간임에도 불구하고 많은 사람이 별로 관심을 두지 않습니다.

3. 하나님이 왜 사람을 만드셨을까?
성경에 하나님을 찬송하게 하려고 지었다고 말하는 구절도 있고(사 43:21)
하나님의 영광을 위해 지었다고 말하는 구절도 있습니다(고전 1:9)
하나님은 사람을 노래하는 장난감이나 로봇이 아니라 하나님과 교제할 수 있는 인격체로 만드셨습니다.

큰 과수원을 소유한 농부가 있었습니다.
이 농부가 과일을 따서 시장에 가서 팔고 돌아오면 동물들이 모두 나와서 맞이합니다.
개가 뛰어와 꼬리를 흔들고, 고양이도 잽싸게 달려오고,
오리도 꽥꽥거리며 주인을 반갑게 맞이합니다.
그런데 농부의 사랑스러운 딸은 아빠에게 달려오지도 않고 아빠를 반갑게 맞이하지도 않는다면
그의 마음은 무척 슬플 것입니다.
이 농부가 가장 원하는 것은 사랑하는 딸과 교제하는 일일 것입니다.
하나님도 하나님의 형상을 닮은 사람과 교제하기를 원하십니다.

4. 큐티를 위해 준비할 것들
   ❶ 성경이 있어야 합니다.
   ❷ 매일 일정한 시간을 정해 놓아야 합니다.
   ❸ 어떻게 살 것인가, 그리고 무엇을 기도할 것인지 기록할 큐티 노트가 있어야 합니다.

5. 경건의 시간을 갖는 방법
   ❶ 먼저 기도해야 합니다.
   ❷ 큐티 책에 따라 그날 주어진 성경을 읽어야 합니다.
   ❸ 말씀 속에 ○○님 마음에 주시는 단어나 구절을 찾고, 그리고 그것을 큐티 노트에 기록해야 합니다.
   ❹ 이제 그 명령과 감동의 말씀을 구체적으로 삶에 어떻게 적용할지 결단해야 합니다.
   ❺ 그 적용과 결단한 내용을 가지고 하나님께 기도해야 합니다.
   ❻ 오늘 암송할 말씀을 밑에 기록하고 하루 동안 암송해야 합니다.
   ❼ 큐티를 나누어야 합니다.

맺는말
많은 사람이 하나님을 만나기보다 사람들 만나기를 좋아하고,
하나님과 대화하기보다 사람들과 대화하기를 즐깁니다.
그러나 우리 그리스도인들은 하나님 만나기를 가장 기뻐해야 합니다.
만나야 할 사람이 많고 해야 할 일이 많지만, 하나님을 만나는 일보다 중요한 것은 없습니다.
하루를 시작하기 전에 하나님의 말씀을 읽고 큐티를 하면 하루를 지탱할 수 있는 능력을 가지게 됩니다.
우리 육신이 끼니마다 음식을 먹어야 하듯이 우리 영혼도 매일 하나님의 말씀을 먹어야 합니다.
하나님의 말씀이 마음에 없으면 하루를 살아도 아무 힘도 없고 볼품도 없는 인생을 살고 맙니다.
○○님, 큐티는 하나님을 만나는 것입니다.
큐티라고 하면 괜히 좀 생소해 보이기도 하고 어려워 보이기도 하지만 전혀 그렇지 않습니다.
말씀을 펴놓고 하나님을 생각한다면 그 자체가 큐티입니다.
어떤 장소에서든지 하나님을 만난다면 큐티를 하는 것입니다.

자전거를 처음 배울 때는 참 힘들고 어렵습니다.
넘어지기도 하고 온몸에 상처를 입기도 합니다.
그러나 나중에 혼자 자전거를 탈 수 있게 되면 자전거 타는 것이 신나게 됩니다.
자전거를 타면 걷는 것보다 훨씬 편하고 빨리 달릴 수 있습니다.
마찬가지로 우리가 처음에는 하나님과 만나는 시간을 가지는 것이 어렵고 힘들지만 조금만 익숙해지면
그 시간이 가장 기다려지고 가장 기쁜 시간이 될 것입니다.

성경의 가치! (디모데후서 3:16-17)

3주 리더 성경공부

첫째, 성경의 가치는 사본의 정확도와 시간의 차이로 알 수 있습니다.

신약성경과 일리아드 사본의 정확도, 시간의 차이 비교

구 분	신약성경	일리아드
사본 수	24,633	643
원본 기록연대	AD 100	BC 900
최초 사본연대	AD 125	BC 400
시간적 차이	25년	500년
오류의 정도	0.5%	5.0%

수천 년 전에 기록된 고서들 대부분은 원본이 소멸되어 버렸기 때문에, 원본이 없는 기록 문서를 사본만을 가지고 TV에서 진품과 명품을 가리듯이 그 책이 얼마나 가치 있고 정확한 책인가, 또 과연 원본과 사본과의 정확성 정도는 어느 정도이며 원본에 얼마나 가까운 책인가를 선입관 없이 객관적, 과학적으로 검증하는 방법을 고서검증법이라고 합니다.

고서검증법은 사본의 수가 많으면 많을수록, 사본과 사본과의 오류가 적으면 적을수록, 사본이 원본으로부터 만들어진 시간적인 차이가 적으면 적을수록 그 사본은 원본과 가까운 사본으로 인정합니다. 그러면 인류가 남긴 고서 중에서 가장 신빙성이 있다고 알려진 일리아드와 성경을 고서검증법으로 비교함으로 성경의 가치를 알아보도록 하겠습니다.

첫째, 신약성경 사본의 수가 일리아드에 비해 약 40배가 많습니다.
둘째, 원본의 기록연대와 최초의 사본 기록연대의 시간적인 차이도 신약성경은 25년의 짧은 간격으로 20배 차이가 납니다.
셋째, 오류의 차이도 일리아드는 5.0%, 신약성경은 0.5%로 10배 차이가 납니다.
또한 신약성경은 일리아드에 비해 정확도가 무려 8,000배 차이가 납니다. 실로 엄청나지 않습니까?
이렇게 성경의 가치는 놀랍습니다.
이 8,000배의 정확도는 그동안 인류가 남긴 고서 중에서 가장 신빙성이 있다고 알려진 일리아드조차도 비교 대상이 되지 못할 정도의 놀라운 차이이며, 앞으로도 이 정도의 정확도는 불가능한 것으로, 신약성경은 원본과 다름이 없는 신뢰할 만한 책이라고 고서검증학자들은 결론 내렸습니다.
"모든 성경은 하나님의 감동으로 된 것으로 교훈과 책망과 바르게 함과 의로 교육하기에 유익하니"(디모데후서 3:16)

출처_ 한국창조과학회

둘째, 성경의 가치는 사본의 양의 차이로 알 수 있습니다.

저자	사본의 수
플라톤	7
시저	10
아리스토텔레스	5
테신투스	20
헤로도투스	8
뚜시디디이즈	8
리비	20
신약성경	5300 (헬라어 사본)

출처_ 한국창조과학회

위의 도표에서 살펴보았듯이 손으로 베껴 적은 신약성경 필사본 개수는 다른 고대문서들과 비교했을 때 엄청난 양의 차이가 납니다.
이렇게 사본의 개수 하나만 비교해 보아도 성경의 놀라운 가치를 알 수 있습니다.
신약성경 헬라어 사본은 외에도 희랍어, 라틴어 그 외 다른 나라 언어로 쓰여진 사본들도 많이 있습니다.
그래서 부르스 박사는 "세상의 문서 중에서 신약성경만큼 훌륭한 필사본의 부를 누리고 있는 고대 문헌이 없다"라고 했습니다.

셋째, 성경의 가치는 고고학을 통해서 알 수 있습니다.

성경의 가치는 고고학을 통해서도 증명할 수 있습니다.
지금껏 많은 사람이 성경의 권위를 흔들기 위해 고고학적 조사를 했습니다.
한마디로 성경의 증거들을 과학으로 증명하여 성경을 반박하려는 사람들이라고 할 수 있습니다.
그러나 오히려 고고학적인 연구가 성경의 가치와 권위를 인정하게 했습니다.
저명한 고고학자인 넬슨 글루에크는 이렇게 말했습니다.
"지금까지 고고학적 조사를 해봤지만, 성경의 오류나 반박할 만한 것을 하나도 찾지 못했다"라고 했습니다. 지금껏 고고학자들을 통해 성경과 관계 있는 2만 5천여 곳의 장소가 발견되었습니다.
하지만 그 발견들은 모두 성경 기록의 정확성을 더 확증하는 것이 되었습니다.

넷째, 성경의 가치는 과학을 통해서 알 수 있습니다.

과학이 발달함에 따라 점점 더 성경이 옳다는 것이 증명되고 있습니다.
지금 우리는 청결한 생활이 중요하다는 걸 잘 알고 있습니다.
하지만 옛날 사람들은 그 사실을 몰랐습니다.
겨우 150년 전에 과학자들이 세균의 정체를 발견한 후 그걸 알게 되었습니다.
하지만 3,000년 된 구약성경 레위기에서는 하나님이 시체를 만진 후에는 손을 깨끗이 씻어야 한다고 말씀하셨습니다.
사람이 시체를 만지면 세균에 감염되기 때문에 하나님께서 씻으라고 한 것입니다.
또한 성경은 하늘의 별과 바닷가의 모래알 수를 동일 선상에서 비교하고 있습니다.
얼마나 과학적입니까?

19세기까지만 하더라도 사람들은 하늘의 별이 약 6,000개 정도라고 생각했습니다.
그러나 천체 관측 기술이 발달하면서 하늘의 별이 바닷가의 모래알 수처럼 헤아릴 수 없다는 것이 밝혀졌습니다
그러나 구약의 예레미야 선지자는 3,500년 전에 이미 하늘의 별이 바다의 모래알처럼 많다고 하였습니다.

"하늘의 만상은 셀 수 없으며 바다의 모래는 측량할 수 없나니"(예레미야 33:22) 성경이 얼마나 과학적입니까?

다섯째, 사람들의 변화를 통해 성경의 가치를 알 수 있습니다.

살인 공장을 차려 놓고 살인을 저지른 김현양이 남긴 이야기입니다.
1994년 9월 살인 공장을 차려 놓고 엽기적인 살인 행각을 벌여 국민들에게 충격을 안겨줬던 지존파 사건의 우두머리 김현양이 사형 집행장에서 마지막으로 이런 말을 남겼습니다.
"참회합니다. 저 같은 사람도 예수 그리스도를 믿으므로 구원받는다는 이 신비를 온 천하에 전하고 싶습니다.
그동안 저를 위해 수고하신 직원들과 사랑을 아끼지 않으신 자매, 목사님 모두에게 감사합니다. 그리고 하늘나라 갈 것을 확신합니다.
그곳에서 여러분을 만나고 싶습니다."
그는 1995년 11월 2일 이 세상을 떠날 때까지 교도소 안에서 열심히 성경을 읽었고, 2백여 명에 달하는 장기수들을 예수님에게로 인도했습니다.
예수님 안에서 그는 천사로 변해 버린 것입니다.

성경은 수많은 사람을 변화시켰습니다.
사형수, 범죄자, 노름꾼, 사기꾼 등 성경은 수많은 사람을 변화시켜 왔으며 앞으로도 변화시킬 것입니다.

"여호와의 율법은 완전하여 영혼을 소성시키며 여호와의 증거는 확실하여 우둔한 자를 지혜롭게 하며
 여호와의 교훈은 정직하여 마음을 기쁘게 하고 여호와의 계명은 순결하여 눈을 밝게 하시도다"(시편 19:7-8)

여섯째, 한국 교회 역사의 변화를 통해 성경의 가치를 알 수 있습니다.

놀라운 변화가 우리 한국 교회사에도 기록되어 있습니다.
바로 토마스 선교사가 전해 준 성경 이야기입니다.
토마스 선교사는 1866년 8월 평양의 대동강에 들어온 미국의 상선 제너럴셔먼호에 통역자로 승선했습니다.
그랬다가 한국 개신교 최초의 외국인 순교자가 되었습니다.
당시 토마스 선교사는 붙잡혀서 참수형을 당하면서도 그가 가지고 온 한문 성경책을 내밀었습니다.
토마스 선교사가 전해 준 성경은 그 후 계속해서 놀라운 위력을 발휘했습니다.
그의 목을 친 박춘권은 성경을 읽고 변화 받아서 후에 영수(장로)가 되었고,
그의 조카인 이영태는 숭실대학교를 졸업한 뒤 한글 성경의 3분의 2를 번역한 레이놀즈 선교사의
조사(조교)가 되어 성경 번역에 크게 이바지하게 됐습니다.
토마스 선교사는 죽는 순간까지 주위 사람들에게 성경을 여러 권 나누어 주었습니다.
우연히 얻게 된 성경을 아무것도 모르고 뜯어서 집의 벽지로 사용하던 박영식의 집은 평양 최초의 교회인 널다리골교회의 예배 처소가 되었고, 그리고 이 교회가 나중에 장대현교회로 바뀌게 되었으며,
이 교회에서 1907년 그 유명한 평양대부흥운동이 일어났습니다.
비록 성경을 전달해 준 사람은 죽었을지라도 성경은 계속해서 그 성경을 접하고 읽은 사람의 삶을 변화시키는 능력을 발휘하고 있습니다.

03 성도에게 재정이란? (말라기 3:10)

3주 리더 성경공부

성공이란 정상을 향해 한 계단 한 계단 올라갔지만

정상에 다 올라갔다 싶으면 이렇게 자꾸 미끄러집니다.

옆의 그림은 무엇을 의미하는 그림 같습니까?
아무리 노력해도, 아무리 힘써도 별로 나아지지 않고 계속 다람쥐 쳇바퀴의 삶을 사는 사람들을 의미합니다.
나는 하는 일마다 되는 일이 없다, 나는 하는 일마다 꼬인다, 나는 하는 일마다 망한다고 고백하는 사람들이 있습니다.
열심히 살지 않고 게으른 삶을 살았다면 가난을 인정하겠는데 아무리 힘쓰고, 애써도 별로 나아지는 기미가 없다면 우리의 삶을 성경에 한번 비추어 살펴보아야 합니다.
그래서 이 시간 어떻게 하면 가난을 끊고 축복의 사람이 될 수 있는지를 함께 살펴보도록 하겠습니다.

첫째로, 불순종은 성도들을 가난하게 만듭니다.

하나님의 말씀은 인간의 활동과 휴식에 관한 주기를 6일 일하고 하루 휴식으로 규정하고 있습니다.
그런데 역사상 이 규정을 무시하고 이른바 혁명을 시도했던 사람들이 있었습니다.
프랑스 혁명 당시 7일 만에 쉬던 것을 10일 만에 쉬게 했다가 국가적으로 40%의 손실을 보았습니다.
또한 구소련의 레닌도 8일 만에 쉬게 하여 노동생산성을 높이려고 하였습니다.
하지만 국가 전체의 생산지수가 30% 떨어졌습니다. 그래서 다시 궁여지책으로 5일만 일하고 6일 만에 쉬도록 했습니다.
그런데도 생산성이 높아지지 않자 결국 7일 만에 쉬는 제도로 돌아갔습니다.
역사는 성경이 말하는 인간의 활동 주기가 가장 효과적임을 입증해 주고 있습니다.
이것은 세상에서 가장 장수하는 민족 중 하나가 유대인이라는 사실을 통해서도 입증할 수 있습니다.
유대인들은 그 비결을 철저한 안식일 준수라고 주저하지 않고 말합니다.

둘째, 순종의 삶을 통해 하나님의 복을 받습니다.

1970년대 광명시에 어느 교회 장로님이 목욕탕을 경영하고 있었습니다. 그러나 주일은 하나님께 예배드리는 날이기에 목욕탕 문을 열지 않았습니다. 하지만 이곳은 동네 목욕탕이라 주일에는 평소보다 손님의 반이 더 몰려왔습니다.
그런데도 주일에 문을 닫으니까 수입이 반으로 줄 수밖에 없었고, 이를 두고 모든 사람이 비웃었습니다.
급기야 전기요금, 수도요금을 내지 못할 정도로 경영이 악화되었습니다.
그때 섬기던 교회가 증축하게 되었습니다. 장로로서 건축헌금도 많이 드리고 싶었는데 영업이 잘 안 되었기에 마음뿐이지 할 수 있는 형편이 아니었습니다. 장로님은 하나님께 기도할 수밖에 없었습니다.
"하나님, 주일성수를 하다 보니 사업이 잘 안 되어서 하나님 영광을 가리고 있습니다" 하고 기도를 하였습니다.
기도 중에 하나님이 장로님에게 영감을 주셨습니다.
"수도 요금을 내지 못하니 지하수를 개발해서 그 물을 퍼서 사용해라." 미처 생각하지 못하였던 것이었습니다.
장로님은 목욕탕 밑에 지하수 굴을 파기 시작하였습니다. 그런데 놀라운 일이 일어났습니다.
어느 정도 파 들어갔을 때 그곳에서 양질의 온천수가 터졌습니다.
그래서 기름값, 물값이 들어가지 않는 목욕탕이 되었습니다.
물이 좋다고 소문이 나고 사람들이 몰려오기 시작하면서 졸지에 유명한 목욕탕이 되었습니다.
장로님은 아무리 목욕탕이 잘 돼도 믿음으로 주일에 문을 닫았습니다.
그런데도 주일날 목욕할 사람들이 토요일에 몰려들어 수입이 많이 늘어났습니다.
주일성수를 철저히 한 장로님에게 하나님께서 기적으로 복을 주셨습니다.

셋째, 십일조 재물의 축복입니다(말라기 3:10).

사람에게 가장 무서운 높이는 11m라고 합니다. 십일조는 성도에게 가장 무서운 말씀일 수도 있습니다.
그래서 아직 십일조를 드리지 못하는 분들은 믿음의 결단이 필요합니다.
인간이 존귀하신 하나님을 시험하는 것은 불신의 태도입니다.
그러나 성경에 하나님을 시험하라는 말씀이 나오는데 그 시험이 바로 십일조입니다.
이렇게 놀라운 축복의 말씀이 기록된 곳은 없습니다.
어려서부터 처음 십일조를 시작하고 십의 구조를 드린 십일조왕 록펠러를 잠깐 소개해 드리겠습니다.

록펠러 어머니의 유언
1. 하나님을 친아버지 이상으로 섬겨라.
2. 목사님을 하나님 다음으로 섬겨라.
3. 주일예배는 본 교회에서 드려라.
4. 오른쪽 주머니는 항상 십일조 주머니로 하라.
5. 아무도 원수로 만들지 말라.
6. 아침에 목표를 세우고 기도하라.
7. 잠자리에 들기 전 하루를 반성하고 기도하라.
8. 아침에는 꼭 하나님의 말씀을 읽어라.
9. 남을 도울 수 있으면 힘껏 도우라.
10. 예배 시간에 항상 앞에 앉아라.

록펠러는 6살 때부터는 자기 손으로 직접 십일조를 드리기 시작했습니다.
그는 일생에 단 한 번도 십일조를 떼어 먹은 적이 없었다고 합니다.
그의 어머니께서는 항상 오른쪽 주머니를 십일조 주머니로 하라고
말했다고 합니다. 그래서 그의 바지 한쪽 주머니는 언제나 십일조
주머니로 사용했다고 합니다.
그리고 록펠러는 십일조를 떼어서 그 주머니에 넣고 난 뒤, 십일조를
드리려고 꺼낼 때 외에는 절대 그 주머니에 손을 넣지 않았다고 합니다.
이렇게 철저하게 십일조를 드린 록펠러에게 하나님은 놀라운 복을
부어 주셨습니다. 십의 이조, 십의 삼조, 십의 구조까지 바치고도
십 분의 일만 가지고도 살게 하셨습니다.
그리고 십일조를 계산하는 직원만 40명이 되었습니다.
놀라운 복이 아닐 수 없습니다.

하나님은 하나님의 자녀들이 축복의 주인공이 되길 원하시지만, 십일조를 하지 않으면 참된 축복의 주인공이 될 수 없습니다.
십일조는 물질의 축복을 받는 그릇입니다.
이 세상의 창조주이신 하나님은 인간들이 십일조를 바치든 안 바치든 아무런 영향을 받지 않으시는 부자이십니다.
진정, 인간들이 바치는 십일조가 하나님에게는 코 묻은 돈에 불과합니다.
하나님은 있어도 그만, 없어도 그만입니다.
쩨쩨하게 십일조를 바치면 복을 주시고 안 바치면 복을 안 주시는 분이 결코 아니십니다.
하나님은 언제나 복을 주십니다.
그러나 그 복을 받는 그릇은 받을 사람이 준비해야 한다는 것입니다.
그릇만 가져오면 얼마든지 담아갈 수 있습니다. 십일조는 물질의 축복을 담아가는 그릇입니다.
예수 잘 믿어도 하나님의 형통의 복을 받지 못하는 가장 큰 근본 이유는 주일성수와 십일조 헌금의 문제입니다.
주일성수와 십일조 헌금을 시작하면서부터 온전한 축복이 시작됩니다.
그리스도인이 십일조를 드리지 않으면 가난에서 헤어나오지 못하는 경우가 많습니다.

넷째, 돈은 날개가 있어 날아갑니다(잠언 23:5).

북한에서 어떤 부자 노파가 월남할 때 전답을 팔아서 베개 속에
보물을 넣어서 왔습니다.
생활이 어려워도 이 보물을 꺼내 팔지 않고 잘 때는 베고
낮에는 가방에 넣어서 다니다가 어느 날 외출하고 돌아오니
며느리가 베개가 하도 더러워서 아궁이에 넣고 대신에
새 베개를 만들어 놓았습니다.
나중에 이 사실을 안 노파는 아무 말도 못 하고 속만 탔다고 했습니다.
자기를 위하여 보물을 땅에 쌓아 놓는 자는 이렇게 허탄한 것입니다.

이런 유명한 이야기가 있습니다. 1923년 시카고의 에지워터 버치 호텔에서 중요한 회의가 있었습니다.
여기 참석한 사람들은 9명의 재벌이었습니다. 그런데 25년 후에 그들의 생의 결과는 비참하였습니다.

1. 강철계 - 슈와브는 파산하고 죽었고,
2. 비료계 - 인슐은 부정 축재로 파산했습니다.
3. 가스계 - 홉스는 정신병 환자가 되었고,
4. 소맥계 - 고튼도 파산하여 출국하였습니다.
5. 증권계 - 휘트니는 형무소에서 복역하였으며,
6. 정치계 - 횔은 허무한 생애를 비관하였습니다.
7. 은행계 - 프레저는 자살했고,
8. 금융계 - 리비모어도 자살했으며,
9. 대기업가 - 크루기도 자살했습니다.

성경 **누가복음 12장 19절**을 보면 부자가 풍년에 큰 소출을 얻고 혼자 신나서 독백하기를
"**영혼아 여러 해 쓸 물건을 많이 쌓아 두었으니 평안히 쉬고 먹고 마시고 즐거워하자**"라고 했습니다.
그때 하나님은 이렇게 말씀하십니다.
"**어리석은 자여 오늘 밤에 네 영혼을 도로 찾으리니 그러면 네 준비한 것이 누구의 것이 되겠느냐**"라고 말씀하셨습니다.

다섯째, 크리스천은 돈에 대한 바른 태도를 가져야 합니다.

우리는 돈에 대한 바른 태도를 가져야 합니다.
돈이 축복의 도구이기는 하지만 돈이 우리 인생의 목적은 아닙니다.
돈은 우리 인생의 수단에 불과한 것입니다.
만일 돈이 우리 인생의 목적이 되면 우리는 돈의 노예가 되고,
돈에 의해 지배를 당하게 됩니다.
하나님은 우리가 돈의 노예가 되어 돈에 지배당하는 것을
기뻐하시지 않습니다.
사실 재물은 축복이 아닙니다.
그 재물을 주시는 하나님이 축복입니다.

그러므로 재물에 초점을 맞추기보다는 그 재물을 주시는 하나님께 초점을 맞추어야 합니다.
이 초점을 잃어버리면 우리는 돈에 집착하고, 하나님보다 돈을 더 사랑하게 됩니다.
그리고 결국 하나님을 떠나게 되고 맙니다.

우리, 같이 성경을 읽도록 하겠습니다.
"**우리가 먹을 것과 입을 것이 있은즉 족한 줄로 알 것이니라 부하려 하는 자들은 시험과 올무와 여러 가지 어리석고 해로운 욕심에 떨어지나니 곧 사람으로 파멸과 멸망에 빠지게 하는 것이라 돈을 사랑함이 일만 악의 뿌리가 되나니 이것을 탐내는 자들은 미혹을 받아 믿음에서 떠나 많은 근심으로써 자기를 찔렀도다**"(디모데전서 6:8-11).

인간의 욕심은 한이 없습니다. "강물이 흘러 한없이 흘러도 바다는 넘치는 법이 없다"라는 말이 있습니다.
이처럼 인간의 탐욕도 끝이 없습니다.
30평에 살면 50평에서 살고 싶고, 50평에서 살면 100평에 살고 싶은 것입니다.
이처럼 인간의 탐욕의 구멍은 메울 길이 없습니다.
오히려 탐욕을 위해 모은 돈이 자신의 영혼을 죽이는 독이 될 수 있습니다.
그러므로 재물에 초점을 맞추지 말고 그 재물을 주시는 하나님께 초점을 맞추어야 합니다.

복음 강화를 위한 6주 성경공부! (디모데후서 2:1-2)

왜 교회는 새 신자 양육을 목회의 최우선 순위로 삼아야 할까요?
그 첫 번째 이유는 새 신자는 갓 태어난 아기와 같기 때문입니다.
처음 교회에 나온 새 신자들은 아직 어린 아이와 같습니다.
이제 겨우 젖을 떼고 걸음마를 하는 단계입니다.
그래서 그들을 끊임없이 붙들어 주지 않으면 세상의 유혹과 조금의 시련에도 금방 넘어지고 맙니다.
새 신자에게는 언제나 마귀의 방해와 유혹이 기다리고 있습니다.
그러므로 복음을 계속해서 강화하여 어떠한 시련과 유혹이 와도 넘어지지 않게 해야 합니다.

두 번째 이유는 교회 성장이 새 신자 양육에 달려 있기 때문입니다.
빌리 그레이엄 목사는 기독교 역사상 가장 위대한 전도자 중 한 사람으로서 복음 전도의 황제라 불리고 있습니다.
수백만 명이 그의 전도 설교를 듣고 주님을 영접했습니다.
그러나 그 많은 결신자 중에서 교회에 정착한 사람은 10% 미만이라고 합니다.
양육 없는 결신은 비효과적이라는 하나의 좋은 예입니다.
그래서 양육 없는 전도는 새 신자가 뒷문으로 빠져나가도록 허락하는 것이나 다름없습니다.

세 번째로 효과적인 새 신자 양육을 위해 리더를 세우는 것을 최우선으로 삼아야 합니다.
목회자가 모든 새 신자를 일대일로 양육한다는 것은 현실적으로 어렵습니다.
그래서 먼저 교역자를 대신하여 새 신자에게 복음과 교회 생활을 책임지고 가르칠 수 있는
리더를 세워야 합니다.
예수님은 수천 명의 사람들에게 복음을 전하시고 그들과 관계를 맺었습니다.
그러나 가장 집중적으로 하신 사역은 열두 제자를 선택하시고 그들을 훈련하신 것입니다.
새 신자는 백지와도 같아서 양육자의 손길에 따라 그림이 달라질 수 있습니다.
목회란 사람을 키우는 것입니다. 그러므로 다른 어떤 일보다 영적 재생산을 할 수 있는 사람을 키워야 합니다.

목회 현장에서 양육의 중요성은 아무리 강조해도 지나치지 않을 것입니다.
그래서 삼척 큰빛교회 김성태 목사님은 전도보다 양육이 더 중요하다고 했습니다.
또한 양육을 할 때 교회의 심장이 뛴다고 했습니다.
반대로 양육을 하지 않으면 교회의 심장은 멈추는 것과도 같다고 했습니다.
이처럼 교회는 양육과 리더를 세우는 것이 중요합니다.
양육을 게을리하여 교회의 심장이 멈추면 어떻게 되겠습니까?
그 교회의 미래는 없는 것입니다. 여러분 교회의 심장은 뛰고 있습니까? 아니면 멈추었습니까?
만약 멈추었다면 여러분이 여러분 교회의 심장을 뛰게 해야 합니다.

바울은 디모데후서 2장 1-2절에서 영적 아들인 디모데에게 다음과 같이 부탁하였습니다.
"내 아들아 그러므로 너는 그리스도 예수 안에 있는 은혜 가운데서 강하고 또 네가 많은 증인 앞에서
내게 들은 바를 충성된 사람들에게 부탁하라 그들이 또 다른 사람들을 가르칠 수 있으리라."
마찬가지로 교회와 리더들도 사도 바울의 부탁을 마음에 새겨서 부지런히 제자를 세우고 가르쳐야 합니다.

전도를 위한 최고의 변증서!

복음을 효과적으로 전할 수 있도록 도와 드립니다.

 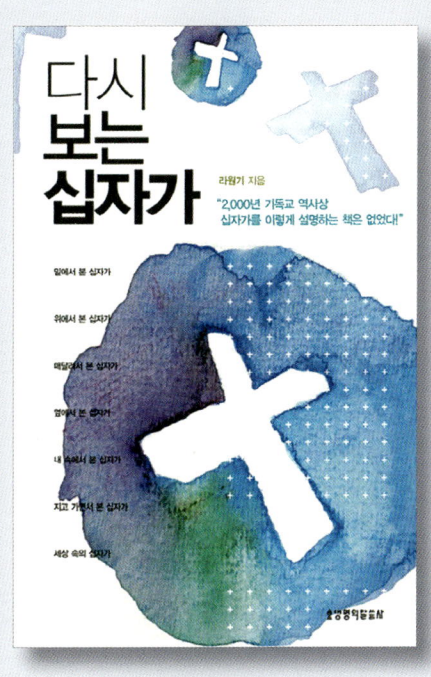 

 YouTube 기독교를 알기 쉽고 재미있게 변증하는 유튜브채널! **기독답TV**

| 리더용 |

잘 듣는 그림 전도지

1판 1쇄 인쇄 _ 2022년 1월 27일
1판 1쇄 발행 _ 2022년 2월 5일

지은이 _ 김근탁
펴낸이 _ 이형규
펴낸곳 _ 쿰란출판사

주소 _ 서울특별시 종로구 이화장길 6
편집부 _ 745-1007, 745-1301~2, 747-1212, 743-1300
영업부 _ 747-1004, FAX 745-8490
본사평생전화번호 _ 0502-756-1004
홈페이지 _ http://www.qumran.co.kr
E-mail _ qrbooks@daum.net / qrbooks@gmail.com
한글인터넷주소 _ 쿰란, 쿰란출판사
페이스북 _ www.facebook.com/qumranpeople
인스타그램 _ www.instagram.com/qrbooks
등록 _ 제1-670호(1988.2.27)
책임교열 _ 오완

ⓒ 김근탁 2022 ISBN 979-11-6143-659-3 93230

책값은 뒤표지에 있습니다.
이 출판물은 저작권법에 의해 보호를 받는 저작물이므로 무단 복제할 수 없습니다.
파본(破本)은 구입처에서 교환해 드립니다.